I0257442

ASCANIO.

PARIS. IMPRIMÉ PAR BÉTHUNE ET PLON,
RUE DE VAUGIRARD, 36.

ASCANIO,

PAR

Alexandre DUMAS.

IV.

PARIS.
PÉTION, ÉDITEUR COMMISSIONNAIRE,
11, RUE DU JARDINET.

M DCCC XLIV.

ASCANIO.

CHAPITRE PREMIER.

CE QU'ON VOIT LA NUIT DE LA CIME D'UN PEUPLIER.

Le lendemain, qui était le jour même où toute la cour devait revenir de Fontainebleau, ce fut dame Ruperte qui déclara au même auditoire qu'elle avait une grande révélation à faire à son tour.

Aussi, comme on s'en doute bien, d'après un avis si intéressant, tout le monde fut réuni à la même heure et au même endroit.

On était d'autant plus libre que Benvenuto avait écrit à Ascanio qu'il restait deux ou trois jours de plus pour faire préparer la salle où il comptait exposer son Jupiter, lequel Jupiter il devait fondre aussitôt son retour.

De son côté, le prévôt n'avait fait que paraître au Grand-Nesle pour demander si l'on n'avait pas appris quelque nouvelle de Colombe. Mais dame Perrine lui ayant répondu que tout était toujours dans le même état, il était retourné aussitôt au Châtelet.

Les habitants du Petit et du Grand-Nesle jouissaient donc d'une entière liberté, puisque les deux maîtres étaient absents.

Quant à Jacques Aubry, quoiqu'il dût avoir ce soir-là une entrevue avec Gervaise, la curiosité l'avait emporté sur l'amour, ou plutôt il avait espéré que le récit de Ruperte, moins long que celui de dame Perrine, finirait à temps pour qu'il pût à la fois entendre la narration et arriver à l'heure dite à son rendez-vous.

Or, voici ce que Ruperte avait à raconter :

Le récit de dame Perrine lui avait trotté toute la nuit dans la tête, et, une fois rentrée dans sa chambre, elle trembla de tout son corps, malgré les saints reliquaires dont le chevet de son lit était garni, que le fantôme d'Antonia ne vînt la visiter.

Ruperte barricada sa porte, mais c'était une médiocre précaution ; la vieille gouvernante était trop au courant des habitudes des fantômes pour savoir que les esprits ne connaissent pas de portes fermées : elle aurait néanmoins voulu barricader aussi la fenêtre qui donnait sur le jardin du Grand-Nesle; mais le propriétaire primitif avait oublié d'y faire mettre des contrevents, et le propriétaire actuel avait jugé inutile de se grever de cette dépense.

Il y avait bien ordinairement les rideaux; mais cette fois, par chance contraire, les rideaux étaient au blanchissage.

La fenêtre n'était donc défendue que par une simple vitre transparente comme l'air, qu'elle empêchait d'entrer.

Ruperte, en rentrant dans sa chambre, regarda dans son lit, fouilla dans toutes ses armoires et ne laissa pas le moindre petit coin sans le visiter. Elle savait que le diable ne tient pas grand'place quand il veut rentrer sa queue, ses griffes et ses cornes, et qu'Asmodée resta je ne sais combien d'années recoquevillé dans une bouteille.

La chambre était parfaitement solitaire, et il n'y avait pas la moindre trace du moine bourru.

Ruperte se coucha donc un peu plus tranquille, mais elle laissa néanmoins brûler sa lampe. A peine au lit elle jeta les yeux sur la fenêtre, et devant la fenêtre elle vit une ombre gigantesque qui se dessinait dans la nuit et qui lui interceptait la lumière des étoiles; quant à la lune, il n'en était pas question, elle entrait dans son dernier quartier.

La bonne Ruperte tressaillit de crainte, et elle était sur le point de crier ou de frapper, lorsqu'elle se souvint de la statue colossale de Mars, qui s'élevait juste devant sa fenêtre. Elle reporta aussitôt ses yeux, qu'elle avait détournés déjà, du côté de la fausse apparition, et elle reconnut parfaitement tous les contours du dieu de la guerre. Cela rassura momentanément Ruperte, qui prit la résolution positive de s'endormir.

Mais le sommeil, ce trésor du pauvre,

que si souvent le riche lui envie, n'est aux ordres de personne : Dieu le soir lui ouvre les portes du ciel, et, capricieux qu'il est, il visite qui bon lui semble, dédaignant qui l'appelle et frappant aux portes de ceux qui ne l'attendent pas. Ruperte l'invoqua long-temps sans qu'il l'entendit.

Enfin, vers minuit, la fatigue l'emporta. Peu à peu, les sens de la bonne gouvernante s'engourdirent; ses pensées, en général assez mal enchaînées les unes aux autres, rompirent le fil imperceptible qui les retenait et s'éparpillèrent comme les grains d'un rosaire. Son cœur seul, agité par la crainte, continua de veiller puis il s'endormit à son tour; et tout fut dit, la lampe veilla seule.

Mais, comme toute chose humaine, la

lampe eut sa fin deux heures après que Ruperte eut clos les yeux du sommeil du juste. La lampe, sous prétexte qu'elle n'avait plus d'huile, commença de faiblir, puis elle petilla, puis elle jeta une grande lueur, puis enfin elle mourut.

Juste en ce moment Ruperte faisait un rêve terrible : elle rêvait qu'en revenant le soir de chez dame Perrine elle avait été poursuivie par le moine bourru, mais heureusement Ruperte avait retrouvé, contre l'habitude des gens qui rêvent, ses jambes de quinze ans; et elle s'était enfuie si vite que le moine bourru, quoiqu'il parût glisser et non marcher sur la terre, n'était arrivé derrière elle que pour se voir fermer au nez la porte du perron. Ruperte l'avait alors, toujours dans son rêve, entendu se plaindre et frapper à la porte. Mais, comme on le pense bien, elle ne s'était pas pressée d'aller lui ouvrir; elle avait allumé sa lampe, elle avait monté les escaliers quatre à quatre, elle était entrée dans sa chambre, elle s'était mise au lit et avait éteint sa lampe.

Mais, au moment même où elle éteignait sa lampe, elle avait aperçu la tête du moine bourru derrière ses vitres; il était monté comme un lézard le long du mur, et il essayait d'entrer par la fenêtre. — Ruperte entendait dans son rêve les ongles du fantôme qui grinçaient contre les carreaux.

On comprend qu'il n'y a pas de sommeil qui tienne contre un pareil rêve. Ruperte s'était donc réveillée les cheveux hérissés et tout humide d'une sueur glacée. — Ses yeux s'étaient ouverts hagards et effarés et s'étaient portés malgré elle sur la fenêtre. — Alors elle avait poussé un cri terrible, car voici ce qu'elle avait vu :

Elle avait vu la tête du Mars colossal jetant du feu par les yeux, par le nez, par la bouche et par les oreilles.

Elle avait cru d'abord qu'elle était encore endormie et que c'était son rêve qui se continuait; mais elle s'était pincée au sang pour s'assurer qu'elle était bien éveillée, elle avait fait le signe de la croix, elle avait dit mentalement trois *Pater* et deux *Ave*, et la monstrueuse apparition n'avait point disparu.

Ruperte trouva la force d'étendre le

bras, de prendre le manche de son balai et de frapper de toute sa force au plafond. Hermann couchait au-dessus d'elle, et elle espérait que le vigoureux Allemand, réveillé par cet appel, accourrait à son secours.

Mais Ruperte eut beau frapper, Hermann ne donna aucun signe d'existence.

Alors elle changea de direction, et au lieu de frapper au plafond pour réveiller Hermann, elle frappa au plancher pour réveiller Pagolo.

Pagolo couchait au-dessous de Ruperte, comme Hermann couchait au-dessus; mais Pagolo fut aussi sourd qu'Hermann, et, dame Perrine eut beau frapper, rien ne bougea.

Ruperte abandonna alors la ligne verticale pour la ligne horizontale; Ascanio était son voisin, et elle frappa du manche de son balai contre le mur de séparation.

Mais tout resta muet chez Ascanio comme tout était resté muet chez Pagolo et chez Hermann. Il était évident qu'aucun des trois compagnons n'était chez lui. Un instant Ruperte eut l'idée que le moine bourru les avait emportés tous trois.

Or, comme cette idée n'avait rien de rassurant, Ruperte, de plus en plus épouvantée, et certaine que personne ne pouvait venir à son secours, prit le parti de cacher sa tête sous ses draps et d'attendre.

Elle attendit une heure, une heure et demie, deux heures peut-être ; mais, comme elle n'entendait aucun bruit, elle reprit quelque peu de hardiesse, écarta doucement son drap, hasarda un œil, puis les deux. La vision avait disparu. La tête du Mars s'était éteinte, tout était rentré dans les ténèbres.

Quelque rassurants que fussent ce silence et cette obscurité, on comprend que Ruperte était brouillée avec le sommeil pour tout le reste de la nuit. La pauvre bonne femme était donc restée l'oreille au guet et les yeux tout grands ouverts jusqu'au moment où les premiers rayons du jour, glissant à travers les vitres, lui annoncèrent que l'heure des fantômes était passée.

Or voilà ce que raconta Ruperte, et, il faut le dire à l'honneur de la narratrice, son récit fit plus d'effet encore peut-être que n'en avait fait celui de la veille ; l'impression fut profonde, surtout sur Hermann et dame Perrine, sur Pagolo et Scozzone. Les deux hommes s'excusèrent de n'avoir pas entendu Ruperte, mais d'une voix si tremblante et d'une façon si embarrassée que Jacques Aubry en éclata de rire. Quant à dame Perrine et à Scozzone, elles ne soufflèrent pas même le mot. Seulement elles devinrent tour à tour si rouges et si blêmes que, s'il avait fait jour et qu'on eût pu suivre sur leur visage le reflet de ce qui se passait dans leur âme, on eût pu croire en moins de dix secondes qu'elles allaient mourir d'abord d'un coup de sang, puis presque aussitôt trépasser d'inanition.

— Ainsi, dame Perrine, dit Scozzone qui se remit la première, vous prétendez avoir vu le moine bourru se promener dans le jardin du Grand-Nesle?

— Comme je vous vois, ma chère enfant ! répondit dame Perrine.

— Et vous, Ruperte, vous avez vu flamboyer la tête du Mars ?

— Je la vois encore.

— Voilà, dit dame Perrine : le maudit revenant aura choisi la tête de la statue pour son domicile ; puis, comme il faut après tout qu'un fantôme se promène comme une personne naturelle, à certaines heures il descend, va, vient, puis, quand il est fatigué, il remonte dans sa tête. Les idoles et les esprits, voyez-vous, cela s'entend comme larrons en foire : ce sont tous des habitants de l'enfer ensemble, et cet horrible faux dieu Mars donne tout bonnement l'hospitalité à cet effroyable moine bourru.

— Fous croyez, tame Berine ? demanda le naïf Allemand.

— J'en suis sûre, monsieur Hermann, j'en suis sûre.

— Ça fait fenir la chair de boule, ma barole t'honneur ! murmura Hermann en frissonnant.

— Ainsi vous croyez au revenant, Hermann ? dit Aubry.

— Foui, j'y crois.

Jacques Aubry haussa les épaules ; mais, tout en haussant les épaules, il résolut d'approfondir le mystère. Or, c'était la chose du monde la plus facile pour lui qui entrait et qui sortait aussi familièrement que s'il eût été de la maison. Il arrêta donc dans son esprit qu'il irait voir Gervaise le lendemain, mais que ce soir il resterait au Grand-Nesle jusqu'à dix heures ; à dix heures il prendrait congé de tout le monde, ferait semblant de sortir, resterait en dedans, monterait sur un peuplier, et de là, caché dans les branches, ferait connaissance avec le fantôme.

Tout se passa comme l'écolier l'avait projeté. Il quitta l'atelier sans être accompagné comme c'était l'habitude, tira la porte du quai à grand bruit pour faire croire qu'il était sorti, puis, gagnant rapidement le pied du peuplier, se cramponna à la première branche, se hissa jusqu'à elle à la force des poignets, et en un instant fut à la cime de l'arbre. Arrivé là, il se trouvait juste en face de la tête de la statue, et dominait à la fois le Grand et le Petit-Nesle, dans les jardins et dans les cours desquels rien ne pouvait se passer sans qu'il le vît.

Pendant le temps que Jacques Aubry s'établissait sur son perchoir il y avait grande soirée au Louvre, dont toutes les fenêtres flamboyaient. Charles-Quint s'était enfin décidé à quitter Fontainebleau et à se risquer dans la capitale, et, comme nous l'avons dit, les deux souverains étaient rentrés le soir même à Paris.

Là une fête splendide attendait encore

l'empereur. Il y avait souper, jeu et bal. Des gondoles, éclairées avec des lanternes de couleur, glissaient sur la Seine, chargées d'instruments, et s'arrêtaient harmonieusement en face de ce fameux balcon d'où trente ans plus tard Charles IX devait tirer sur son peuple, tandis que des bateaux, tout pavoisés de fleurs, passaient d'un côté à l'autre de la rivière les convives qui venaient du faubourg Saint-Germain au Louvre ou qui retournaient au faubourg Saint-Germain.

Au nombre de ces conviés avait été tout naturellement le vicomte de Marmagne.

Comme nous l'avons dit, le vicomte de Marmagne, grand belâtre, blond, fade et rose, avait la prétention d'être un homme à bonnes fortunes ; or il avait cru remarquer qu'une jolie petite comtesse, dont le mari était justement à cette heure à l'armée de Savoie, l'avait regardé d'une certaine façon, il avait alors dansé avec elle et il avait cru s'apercevoir que la main de la danseuse n'était point insensible à la pression de la sienne. Bref, en voyant sortir la dame de ses pensées, il s'imagina, au coup d'œil qu'elle lui jeta en le quittant, que, comme Galatée, si elle fuyait vers les saules c'était avec l'espérance d'y être poursuivie. Marmagne s'était donc mis tout bonnement à la poursuite de la dame ; et, comme elle demeurait vers le haut de la rue Hautefeuille, il s'était fait passer du Louvre à la tour de Nesle et suivait le quai pour gagner la rue Saint-André par la rue des Grands-Augustins, lorsqu'il entendit marcher derrière lui.

Il était près d'une heure du matin. La lune, nous l'avons dit, entrait dans son dernier quartier, de sorte que la nuit était assez sombre. Or, au nombre des rares qualités morales dont la nature avait doué Marmagne, le courage, comme on le sait, ne jouait pas le principal rôle. Il commença donc à s'inquiéter de ce bruit de pas qui semblait être l'écho des siens, et, tout en s'enveloppant plus hermétiquement de son manteau et en portant instinctivement la main à la garde de son épée, il pressa sa marche.

Mais ce redoublement de célérité ne lui servit de rien, les pas qui suivaient les siens se remirent à l'unisson de ses pas et parurent gagner sur lui; de sorte qu'au moment où il tournait le porche des Augustins, il sentit qu'il allait évidemment être rejoint par son compagnon de route si, après être passé du pas simple au pas accéléré, il ne passait point du pas accéléré au pas gymnastique. Il allait se décider à ce parti extrême, lorsqu'au bruit des pas se mêla le bruit d'une voix.

— Pardieu, mon gentilhomme! disait cette voix, vous faites bien de hâter la marche, la place n'est pas bonne, surtout à cette heure, car c'est ici, vous le savez sans doute, qu'a été attaqué mon digne ami Benvenuto, le sublime artiste qui est à cette heure à Fontainebleau et qui ne se doute guère de ce qui se passe chez lui; mais, comme nous faisons la même route, à ce qu'il paraît, nous pouvons marcher du même pas, et si nous rencontrons quelques tire-laines ils y regarderont à deux fois avant de s'attaquer à nous : je vous offre donc la sécurité de ma compagnie si vous voulez bien m'accorder l'honneur de la vôtre.

Aux premiers mots qu'avait prononcés notre écolier, Marmagne avait reconnu une voix amie; puis au nom de Benvenuto Cellini il s'était souvenu du bavard basochien qui, déjà une première fois, lui avait donné de si utiles renseignements sur l'intérieur du Grand-Nesle : il s'arrêta donc, car la société de maître Jacques Aubry lui offrait un double avantage. L'écolier lui servait d'escorte d'abord, puis, tout en l'escortant, pouvait lui donner sur son ennemi quelque renseignement nouveau, que sa haine mettrait à profit. Il accueillit donc cette fois le basochien d'un air aussi agréable que possible.

— Bonsoir, mon jeune ami! dit Marmagne en réponse aux paroles de bonne camaraderie que Jacques Aubry venait de lui adresser dans l'obscurité. Que disiez-vous donc de ce cher Benvenuto que j'espérais rencontrer au Louvre, et qui est resté comme un sournois à Fontainebleau?

— Ah! pardieu! voilà une chance! s'écria Jacques Aubry. Comment, c'est vous, mon cher vicomte... de... Vous avez oublié de me dire votre nom ou j'ai oublié de m'en souvenir. Vous venez du Louvre! Était-ce bien beau, bien animé, bien galant, bien amoureux? Nous allons en bonne fortune, n'est-ce pas, mon gentilhomme? Ah! croque-cœur que vous êtes!

— Ma foi, dit Marmagne d'un air fat, vous êtes sorcier, mon cher : oui, je viens du Louvre, où le roi m'a dit des choses fort gracieuses, et où je serais encore si une charmante petite comtesse ne m'avait fait signe qu'elle préférait la solitude à toute cette grande cohue. Et vous, d'où revenez-vous, voyons?

— Moi, d'où je reviens? reprit Aubry en éclatant de rire. Ma foi! vous m'y faites songer! Mon cher, je viens de voir de drôles de choses! Pauvre Benvenuto! Oh! parole d'honneur, il ne méritait pas cela!

— Que lui est-il donc arrivé, à ce cher ami?

— D'abord, si vous venez du Louvre, il faut que vous sachiez, vous, que je viens du Grand-Nesle, où j'ai passé deux heures perché sur une branche ni plus ni moins qu'un perroquet.

— Diable! la position n'était pas commode!

— N'importe, n'importe! je ne regrette pas la crampe que j'y ai prise, car j'ai vu des choses, mon cher, j'ai vu des choses, tenez, rien que d'y penser, j'en suffoque de rire.

Et Jacques Aubry se mit en effet à éclater d'un rire si jovial et si franc, que, quoique Marmagne ne sût pas encore de quoi il était question, il ne put s'empêcher de faire chorus. Mais comme il ignorait la cause de la gaieté du basochien, le vicomte cessa naturellement de rire le premier.

— Maintenant, mon jeune ami, maintenant qu'entraîné par votre hilarité j'ai ri de confiance, dit Marmagne, ne puis-je apprendre de vous quelles choses si mirobolantes vous tiennent en joie? Vous savez que je suis des fidèles de Benvenuto, quoique je ne vous aie jamais rencontré chez lui, attendu que mes occupations me laissent bien peu de temps à donner au monde et que, ce peu de temps, je dois l'avouer, j'aime mieux l'accorder à mes maîtresses qu'à mes amis. Mais il n'en est pas moins vrai que tout ce qui le touche me touche. Ce cher Benvenuto! Dites-moi donc ce qui se passe au Grand-Nesle en son absence. Cela m'intéresse, je vous jure, plus que je ne puis vous l'exprimer.

— Ce qui se passe? dit Aubry. Mais non, c'est un secret.

— Un secret pour moi! dit Marmagne. Un secret pour moi qui aime Benvenuto de si grand cœur, et qui encore ce soir renchérissais sur les éloges que lui donnait François Ier! Ah! c'est mal! dit Marmagne d'un air piqué.

— Si j'étais sûr que vous n'en parliez à personne, mon cher... comment diable vous appelez-vous donc, mon cher ami? je vous conterais cela, car je vous avoue que je suis aussi pressé de dire mon histoire que l'étaient les roseaux du roi Midas de conter la leur.

— Dites donc alors, dites donc, répéta Marmagne.

— Vous n'en parlerez à personne ?

— A personne, je vous le jure !

— Parole d'honneur ?

— Foi de gentilhomme !

— Imaginez-vous donc... Mais d'abord, mon cher... mon cher ami, vous connaissez l'histoire du moine bourru, n'est-ce pas ?

— Oui, j'ai entendu parler de cela. Un fantôme qui revient dans le Grand-Nesle, à ce qu'on assure.

— Justement. Ah bien ! si vous savez cela, je puis vous dire le reste. Imaginez-vous que dame Perrine...

— La gouvernante de Colombe?

— Justement. Allons, allons, on voit bien que vous êtes des amis de la maison. Imaginez donc que dame Perrine, dans une promenade nocturne qu'elle faisait pour sa santé, a cru voir se promener aussi le moine bourru dans les jardins du Grand-Nesle, tandis qu'en même temps dame Ruperte... Vous connaissez dame Ruperte?

— N'est-ce pas la vieille servante de Cellini?

— Justement. Tandis que dame Ruperte, dans une de ses insomnies, avait vu flamboyer les yeux, le nez et la bouche de la grande statue du dieu Mars que vous avez vue dans le jardin du Grand-Nesle.

— Oui, un véritable chef-d'œuvre! dit Marmagne.

— Chef-d'œuvre, c'est le mot. Cellini n'en fait pas d'autres. Or il avait été arrêté entre ces deux respectables personnes (c'est de dame Perrine et de dame Ruperte que je parle) que ces deux apparitions avaient une même cause, et que le démon qui se promenait la nuit sous le costume du moine bourru dans le jardin remontait au chant du coq dans la tête du dieu Mars, digne asile d'un damné comme lui, et là était brûlé de si terribles flammes que le feu en sortait par les yeux, par le nez et par les oreilles de la statue.

— Quel diable de conte me faites-vous là, mon cher ami? dit Marmagne ne sachant pas si l'écolier raillait ou parlait sérieusement.

— Un conte de revenant, mon cher, pas autre chose.

— Est-ce qu'un garçon d'esprit comme vous, dit Marmagne, peut croire à de pareilles niaiseries?

— Mais non, je n'y crois pas, dit Jacques Aubry. Aussi voilà pourquoi j'ai voulu passer la nuit sur un peuplier pour tirer la chose au clair, et voir quel était le véritable démon qui mettait tout l'hôtel en révolution. J'ai donc fait semblant de sortir; mais, au lieu de refermer la porte du Grand-Nesle derrière moi, je l'ai refermée devant, je me suis glissé dans l'obscurité sans être vu de personne, j'ai gagné le peuplier sur lequel j'avais jeté mon dévolu, et cinq minutes après j'étais juché au milieu de ses branches, juste à la hauteur de la tête du dieu Mars. Or devinez ce que j'ai vu.

— Comment voulez-vous que je devine? dit Marmagne.

— C'est juste, il faudrait être sorcier pour deviner de pareilles choses. J'ai vu d'abord la grande porte s'ouvrir; la porte du perron, vous savez?

— Oui, oui, je la connais, dit Marmagne.

— Je vis la porte s'ouvrir et un homme mettre le nez dehors pour voir s'il n'y avait personne dans la cour. Cet homme, c'était Hermann, le gros Allemand.

— Oui, Hermann, le gros Allemand, répéta Marmagne.

— Lorsqu'il se fut bien assuré que la cour était solitaire et qu'il eut regardé de tous côtés, excepté sur l'arbre, où, comme vous le pensez bien, il était loin de me soupçonner, il sortit tout à fait, referma la porte derrière lui, descendit les cinq ou six marches du perron et s'en alla droit à la cour du Petit-Nesle, où il frappa trois coups. A ce signal, une femme sortit du Petit-Nesle et vint ouvrir la porte. Cette femme, c'était dame Perrine, notre amie, laquelle, à ce qu'il paraît, aime à se promener à la belle étoile, en compagnie de notre Goliath.

— Bah! vraiment! Ah! ce pauvre prévôt!

— Attendez donc, attendez donc, ce n'est pas tout. Je les suivais des yeux comme ils entraient au Petit-Nesle, lorsque tout à coup j'entendis à ma gauche crier le châssis d'une fenêtre. Je me retournai, la fenêtre s'ouvrit, et je vis Pagolo, ce brigand de Pagolo! qui est-ce qui aurait cru cela de sa part avec ses protestations, ses *Pater* et ses *Ave?* et je vis Pagolo, qui, après avoir regardé avec les mêmes précautions qu'Hermann, enjambait la balustrade, se laissait glisser le long de la gouttière, et de balcon en balcon gagnait le bas de la fenêtre... Devinez de quelle chambre, vicomte?

— Que sais-je, moi! la fenêtre de la chambre de dame Ruperte.

— Ah bien oui! De Scozzone, rien que cela; de Scozzone, le modèle bien-aimé de Benvenuto : une charmante brune, ma foi! Comprenez-vous ce coquin-là, vicomte?

— En effet, c'est fort drôle! dit Marmagne, et voilà tout ce que vous avez vu?

— Attendez-donc, attendez-donc, mon cher! je vous garde le meilleur pour le dernier, le bon plat pour la bonne bouche; attendez donc, nous n'y sommes pas, mais nous allons y être, soyez tranquille.

— J'écoute, dit Marmagne; d'honneur, mon cher ami, c'est on ne peut plus amusant!

— Attendez encore, attendez! Je regardais donc mon Pagolo, qui courait de balcon en balcon, au risque de se casser le cou, lorsque j'entendis un autre bruit qui venait presque du pied de l'arbre sur lequel j'étais monté. Je ramenai mes yeux de haut en bas et j'aperçus Ascanio, qui sortait à pas de loup de la fonderie.

— Ascanio, l'élève chéri de Benvenuto?

— Lui-même, mon cher, lui-même. Une espèce d'enfant de chœur, à qui on donnerait le bon Dieu sans confession. Ah bien oui, fiez-vous donc aux apparences!

— Et dans quel but sortait Ascanio?

— Ah! voilà! dans quel but, voilà ce que je me demandai d'abord! Mais bientôt je n'eus plus rien à me demander; car Ascanio, après s'être assuré, comme Hermann et comme Pagolo, que personne ne pouvait le voir, tira de la fonderie une longue échelle qu'il alla appuyer contre les deux épaules du dieu Mars, et sur laquelle il monta. Comme l'échelle était juste du côté opposé à celui où j'étais, je le perdis de vue au milieu de son ascension, lorsqu'au moment même où je cherchais ce qu'il pouvait être devenu, je vis tout à coup s'enflammer les yeux de la statue.

— Que dites-vous donc là? s'écria Marmagne.

— La vérité pure, mon cher; et j'avoue que si cela s'était fait sans que je connusse les antécédents que je viens de raconter je ne me serais peut-être pas trouvé tout à fait à mon aise. Mais j'avais vu disparaître Ascanio, et je me doutai que c'était lui qui causait cette lumière.

— Mais qu'allait faire Ascanio, à cette heure, dans la tête du dieu Mars?

— Ah! voilà justement ce que je me demandais ; et comme personne ne pouvait me répondre, je résolus de découvrir la chose par moi-même. Je m'écarquillai les yeux de toutes mes forces, et je parvins à découvrir, à travers ceux de la statue, un esprit, ma foi! tout vêtu de blanc, un fantôme de femme, aux pieds duquel Ascanio s'agenouilla comme devant une madone. Malheureusement, la madone me tournait le dos, et je ne pus voir son visage, mais je vis son col. Oh! le joli col qu'ont les fantômes, mon cher vicomte! un col de cygne, figurez-vous, blanc comme la neige. Aussi Ascanio le regardait-il avec une adoration, l'impie! avec une adoration qui me convainquit que le fantôme était tout bonnement une femme. Qu'en dites-vous, mon cher? Hein! le tour est bon! cacher sa maîtresse dans la tête d'une statue!

— Oui, oui, c'est original, dit Marmagne en riant et réfléchissant à la fois; très-original, en effet. Et vous ne vous doutez pas quelle peut être cette femme?

— Sur l'honneur! je n'en ai aucune idée; et vous?

— Ni moi non plus.

— Et qu'avez-vous fait quand vous avez vu tout cela?

— Moi! je me suis mis à rire de telle façon que l'équilibre m'a manqué et que si je ne m'étais pas retenu à une branche je me rompais le cou. Or, comme je n'avais plus rien à voir et que par ma chute je me trouvais descendu à moitié, je descendis tout à fait, je gagnai la porte sans bruit et je m'en revenais chez moi, riant encore tout seul, quand je vous ai rencontré et quand vous m'avez forcé de vous raconter la chose. Maintenant, donnez-moi un avis. Voyons, vous qui êtes des amis de Benvenuto, que faut-il que je fasse vis-à-vis de lui? Quant à dame Perrine, cela ne le regarde pas; la chère dame est majeure et par conséquent maîtresse de ses volontés : mais quant à Scozzone, mais quant à la Vénus qui loge dans la tête du dieu Mars, c'est autre chose.

— Et vous voudriez que je vous donnasse mon avis sur ce qui vous reste à faire?

— Oui, d'honneur, je suis fort embarrassé, mon cher... mon cher... J'oublie toujours votre nom.

— Mon avis est qu'il faut garder le silence. Tant pis pour les gens qui sont assez niais pour se laisser tromper. Maintenant, mon cher Jacques Aubry, je vous remercie de votre bonne société et de votre aimable conversation; mais me voilà arrivé rue Hautefeuille, et, confidence pour confidence, c'est là que demeure mon objet.

— Adieu, mon tendre, mon cher, mon excellent ami, dit Jacques Aubry serrant la main du vicomte. Votre avis est sage, et je le suivrai. Maintenant, bonne chance et que Cupidon veille sur vous !

Les deux compagnons se séparèrent alors, Marmagne remontant la rue Hautefeuille, et Jacques Aubry prenant la rue Poupée pour regagner la rue de la Harpe, à l'extrémité de laquelle il avait fixé son domicile.

Le vicomte avait menti au malencontreux basochien, en affirmant qu'il n'avait aucun soupçon de ce que pouvait être le démon femelle qu'adorait à genoux Ascanio. Sa première idée avait été que l'habitante du dieu Mars n'était autre que Colombe, et plus il avait réfléchi à cette idée, plus il s'était affermi dans sa croyance. Maintenant, comme nous l'avons dit, Marmagne en voulait également au prévôt, à d'Orbec et à Benvenuto Cellini, et il se trouvait placé dans une fâcheuse position pour sa haine, car il ne pouvait faire de la peine aux uns sans faire de plaisir aux autres. En effet, s'il gardait le silence, d'Orbec et le prévôt restaient dans l'embarras, mais aussi Benvenuto restait dans la joie. Si, au contraire, il dénonçait l'enlèvement, Benvenuto était au désespoir, mais le prévôt et d'Orbec retrouvaient, l'un sa fille, l'autre sa fiancée. Il résolut donc de retourner la chose dans sa tête jusqu'au moment où il verrait jaillir de ses réflexions le parti le plus avantageux pour lui.

L'indécision de Marmagne ne fut pas longue; il savait, sans en connaître le véritable motif, l'intérêt que madame d'Étampes prenait au mariage du comte d'Orbec avec Colombe. Il pensa que la révélation lui ferait, du côté de la perspicacité, regagner dans l'esprit de la duchesse ce qu'il avait perdu du côté du courage, il résolut donc, le lendemain à son lever, de se présenter chez elle et de tout lui dire; et cette résolution prise, il l'exécuta ponctuellement.

Par un de ces hasards heureux qui servent quelquefois si bien les mauvaises actions, tous les courtisans étaient au Louvre, où ils faisaient leur cour à François Ier et à l'empereur, et madame d'Étampes n'avait près d'elle, à son lever, que ses deux fidèles, c'est-à-dire le prévôt et le comte d'Orbec, lorsqu'on annonça le vicomte de Marmagne.

Le vicomte salua respectueusement la duchesse, laquelle ne répondit à ce salut que par un de ces sourires qui n'appartenaient qu'à elle, et dans lesquels elle savait confondre à la fois l'orgueil, la protection et le dédain. Mais Marmagne ne s'inquiéta point de ce sourire, qu'il connaissait, au reste, pour l'avoir vu passer sur les lèvres de la duchesse, non-seulement pour son compte à lui, mais encore pour le compte de bien d'autres. Il savait, au reste, le moyen de transformer par une seule parole ce sourire de mépris en un sourire plein de grâce.

— Hé bien, messire d'Estourville, dit-il en se retournant vers le prévôt, l'enfant prodigue est-il revenu ?

— Encore cette plaisanterie, vicomte !

s'écria messire d'Estourville avec un geste menaçant et en rougissant de colère.

— Oh! ne vous fâchez pas, mon digne ami, ne vous fâchez pas, répondit Marmagne. Je vous dis cela parce que si vous n'avez pas retrouvé encore la Colombe envolée, je sais, moi, où elle a fait son nid.

— Vous? s'écria la duchesse avec l'expression de la plus charmante amitié, et où cela? vite, vite! je vous prie, dites, mon cher Marmagne?

— Dans la tête de la statue de Mars que Benvenuto a modelée dans le jardin du Grand-Nesle.

CHAPITRE II.

MARS ET VÉNUS.

Le lecteur, comme Marmagne, a sans doute deviné la vérité si étrange qu'elle paraisse au premier abord. C'était la tête du colosse qui servait d'asile à Colombe Mars logeait Vénus, ainsi que l'avait dit Jacques Aubry. Pour la seconde fois,

Benvenuto faisait intervenir son œuvre dans sa vie, appelait l'artiste au secours de l'homme et, outre sa pensée et son génie, mettait son sort dans ses statues. Il y avait autrefois, comme on l'a vu, enfoui déjà les projets d'évasion, il y cachait maintenant la liberté de Colombe et le bonheur d'Ascanio.

Mais, arrivés au point où nous en sommes, il est nécessaire que, pour plus de clarté, nous revenions un peu sur nos pas.

Quand Cellini eut achevé l'histoire de Stéphana, un moment de silence succéda à son récit. Benvenuto, dans ses souvenirs terribles parfois, bruyants toujours, parmi les ombres éclatantes ou farouches qui avaient traversé son existence, regardait passer au fond la mélancolique et sereine figure de Stéphana morte à vingt ans. Ascanio, la tête penchée, tâchait de se rappeler les traits pâlis de la femme qui, courbée sur son berceau, l'avait souvent réveillé enfant, en laissant tomber ses larmes sur son visage rose. Pour Colombe, elle regardait avec attendrissement ce Benvenuto qu'une autre femme, jeune et pure comme elle, avait tant aimé; elle trouvait à cette heure sa voix presque aussi douce que celle d'Ascanio, et entre ces deux hommes, qui tous deux l'aimaient d'amour, elle se sentait instinctivement aussi en sûreté qu'un enfant pourrait l'être sur les genoux de sa mère.

— Eh bien! demanda Benvenuto après

une pause de quelques secondes, Colombe se confiera-t-elle à l'homme à qui Stéphana a confié Ascanio?

— Vous, mon père; lui, mon frère, répondit Colombe avec une grâce modeste et digne en leur tendant les deux mains, et je m'abandonne aveuglément à vous deux pour que vous me gardiez à mon époux.

— Merci, dit Ascanio, merci, ma bien-aimée, de ce que vous croyez en lui.

— Vous promettez donc de m'obéir en tout, Colombe? reprit Benvenuto.

— En tout, dit Colombe.

— Eh bien! écoutez, mes enfants. J'ai

toujours été convaincu que l'homme pouvait ce qu'il voulait ; mais à la condition d'avoir pour aide Dieu là-haut, et le temps ici-bas. Pour vous sauver du comte d'Orbec et de l'infamie et pour vous donner à mon Ascanio, j'ai besoin de temps, Colombe, et dans quelques jours vous allez être la femme du comte. L'important est donc d'abord et avant tout de retarder cette union impie, n'est-ce pas? Colombe, ma sœur, mon enfant, ma fille! il est des heures dans cette triste vie où une faute est nécessaire pour prévenir un crime. Serez-vous vaillante et ferme? Votre amour, qui a tant de pureté et de dévouement, aura-t-il un peu de courage? répondez.

— C'est Ascanio qui répondra pour moi, dit Colombe en souriant et en se tournant vers le jeune homme. C'est à lui de disposer de moi.

— Soyez tranquille, maître, Colombe sera courageuse, répondit Ascanio.

— Alors, voulez-vous, Colombe, sûre de notre loyauté et de votre innocence, quitter hardiment cette maison et nous suivre?

Ascanio fit un mouvement de surprise, Colombe se tut une minute en regardant Cellini et Ascanio, puis elle se leva et dit simplement :

— Où faut-il aller?

— Colombe! Colombe! s'écria Ben-

venuto touché de tant de confiance, vous
êtes une noble et sainte créature, et pourtant Stéphana m'avait rendu difficile en
grandeur ; tout dépendait de votre réponse. Nous sommes sauvés maintenant,
mais il n'y a pas un moment à perdre.
Cette heure est suprême, Dieu nous l'accorde, profitons-en ; donnez-moi la main,
Colombe, et venez.

La jeune fille baissa son voile comme
pour dérober sa propre rougeur à elle-
même, puis elle suivit le maître et Ascanio. La porte de communication entre le
Petit-Nesle et le Grand-Nesle était fermée,
mais on avait la clef en dedans. Benvenuto
l'ouvrit sans bruit.

Arrivée à cette porte, Colombe s'arrêta.

— Attendez un peu, dit-elle d'une voix émue.

Et sur le seuil de cette maison qu'elle quittait parce que cette maison ne lui offrait plus un asile assez saint, l'enfant s'agenouilla et pria. Sa prière est restée entre elle et le Seigneur; mais sans doute elle demanda à Dieu pardon pour son père de ce qu'elle allait faire. Puis, elle se releva calme et forte et se remit à marcher conduite par Cellini. Ascanio, le cœur troublé, les suivait en silence, contemplant avec amour sa robe blanche qui fuyait dans l'ombre. Ils traversèrent ainsi le jardin du Grand-Nesle; les chants et les rires des ouvriers qui soupaient, car, on se le rappelle, c'était fête au château, arrivaient insouciants et joyeux jusqu'à nos amis, inquiets et frissonnants comme on l'est d'ordinaire aux instants suprêmes de la vie.

Arrivé au pied de la statue, Benvenuto quitta Colombe un moment, alla jusqu'à la fonderie et reparut chargé d'une longue échelle qu'il dressa contre le colosse. La lune, céleste veilleuse, éclairait toute cette scène de sa pâle lueur; le maître, après avoir assuré l'échelle, mit un genou en terre devant Colombe. Le plus touchant respect adoucissait son puissant regard.

— Mon enfant, dit-il à la jeune fille, entoure-moi de tes bras et tiens-toi bien.

Colombe obéit sans mot dire, et Benvenuto souleva la jeune fille comme il eût fait d'une plume.

— Que le frère, dit-il à Ascanio qui s'approchait, laisse le père porter là-haut sa fille bien-aimée.

Et le vigoureux orfévre, chargé de son précieux fardeau, se mit à gravir l'échelle aussi aisément que s'il n'eût porté qu'un oiseau. A travers son voile, Colombe, sa tête charmante appuyée sur l'épaule du maître, regardait la mâle et bienveillante figure de son sauveur et se sentait pénétrée pour lui d'une confiance toute filiale que la pauvre enfant, hélas! n'avait pas éprouvée encore. Quant à Cellini, telle était la puissante volonté de cet homme de fer ! il tenait dans ses bras celle pour qui, deux heures auparavant, il eût exposé sa vie, sans que sa main tremblât, sans que son cœur battît plus vite, sans qu'aucun de ses muscles d'acier fléchît. Il avait commandé à son cœur d'être calme, et son cœur avait obéi.

Quand il fut arrivé au col de la statue, il ouvrit une petite porte, entra dans la tête de Mars et y déposa Colombe.¹

L'intérieur de cette tête colossale d'une statue qui avait près de soixante pieds de haut, formait une petite chambre ronde qui pouvait avoir huit pieds de diamètre et dix pieds de hauteur ; l'air et le jour y pénétraient par les ouvertures des yeux, du nez, de la bouche et des oreilles. Cette chambrette avait été pratiquée par Cellini. Lorsqu'il travaillait à la tête il y enfermait les instruments dont il se servait journellement, afin de n'avoir pas la peine de les monter et de les descendre cinq ou six fois par jour ; souvent aussi il emportait son déjeuner avec lui, le dressait sur une table qui tenait le milieu de cette singulière salle à manger, de sorte qu'il ne quittait pas même son échafaudage pour son repas du matin. Cette innovation, qui lui était si commode, l'avait mis en goût : après la table, il y avait transporté une espèce de petit lit, et, dans les derniers temps, non-seulement il déjeunait dans la tête de son Mars, mais encore il y faisait sa sieste. Il était donc tout simple que l'idée lui fût venue de transporter Colombe dans la cachette la plus sûre évidemment de toutes celles qu'il pouvait lui offrir.

— C'est ici qu'il faudra rester, Colombe, dit Benvenuto, et vous devez, ma chère enfant, vous résigner à ne descendre que la nuit. Attendez dans cet asile, sous le regard de Dieu et sous la garde de

notre amitié, le résultat de mes efforts.
Jupiter, ajouta-t-il en souriant et en faisant allusion à la promesse du roi, achèvera, je l'espère, ce que Mars aura commencé. Vous ne me comprenez pas, mais je sais ce que je veux dire. Nous avons pour nous l'Olympe, et vous avez, vous, le Paradis. Le moyen que nous ne réussissions pas! Voyons, souriez donc un peu, Colombe, sinon au présent, du moins à l'avenir. Je vous dis sérieusement qu'il faut espérer. Espérez donc avec confiance, sinon en moi, du moins en Dieu. — J'ai été dans une prison plus dure que la vôtre, croyez moi, et mon espérance m'étourdissait sur ma captivité. — D'ici au jour du succès, Colombe, vous ne me reverrez plus.

Votre frère Ascanio, moins soupçonné

et moins surveillé que moi, viendra vous voir et veillera sur vous; c'est lui que je charge de transformer cette chambre d'ouvrier en cellule de religieuse. Au moment donc où je vous quitte, retenez bien mes paroles : Vous avez fait, confiante et courageuse enfant, tout ce que vous aviez à faire; le reste maintenant me regarde : nous n'avons plus qu'à laisser agir la Providence, Colombe. Or écoutez-moi. Quoi qu'il arrive, songez-y : dans quelque situation désespérée que vous paraissiez être ou que vous soyez réellement, lors même qu'aux pieds des autels vous n'auriez plus qu'à dire le terrible *oui* qui vous unirait à jamais au comte d'Orbec, ne doutez pas de votre ami, Colombe; ne doutez pas de votre père, mon enfant : comptez sur Dieu et sur nous à temps, j'en réponds. Aurez-vous cette foi et cette fermeté? dites, l'aurez-vous?

— Oui, dit la jeune fille d'une voix assurée.

— C'est bien, reprit Cellini; adieu, maintenant je vous laisse dans votre petite solitude; quand tout le monde sera endormi, Ascanio viendra vous apporter tout ce qu'il vous faut. Adieu, Colombe.

Il tendit la main à Colombe; mais la jeune fille lui présenta son front comme elle avait habitude de faire à son père. Benvenuto tressaillit, mais passant sa main devant ses yeux, et maîtrisant à la fois les pensées qui se pressaient dans son esprit et les passions qui bouillonnaient dans son cœur, il déposa sur ce front pur le plus paternel des baisers, murmurant à demi-voix :

— Adieu, chère fille de Stéphana.

Et il redescendit promptement vers Ascanio qui l'attendait, et tous deux allèrent rejoindre paisiblement les ouvriers qui ne mangeaient plus, mais qui buvaient encore.

Une nouvelle vie, étrange, inouïe, commença alors pour Colombe, et elle s'en arrangea comme d'une existence de reine.

Voici comment fut meublée la chambre aérienne.

Elle avait déjà, comme on le sait, un lit et une table; Ascanio y ajouta une chaise basse en velours, une glace de Venise, une bibliothèque composée de livres de piété que désigna elle-même Colombe, un crucifix, merveille de ciselure, enfin un flacon d'argent, aussi du maître, et dont chaque nuit on renouvelait les fleurs.

C'était tout ce que pouvait contenir la coque blanche qui recelait tant d'innocence et de grâce.

Colombe dormait ordinairement le jour : Ascanio le lui avait conseillé, de peur qu'un mouvement involontaire ne la trahît ; elle s'éveillait avec la lueur des étoiles et le chant des rossignols, s'agenouillait sur son lit, devant son crucifix, et restait long-temps absorbée dans une fervente prière, puis elle faisait sa toilette, peignait ses beaux et longs cheveux, et rêvait. Alors une échelle se posait contre la statue et Ascanio venait frapper à la petite porte. Si la toilette de Colombe était achevée, elle ouvrait à son ami, qui restait auprès d'elle jusqu'à minuit. A minuit, si le temps était beau, Colombe descendait; Ascanio rentrait au Grand-Nesle et dormait quelques heures tandis que Colombe faisait sa promenade nocturne, en recommençant les songes de son allée, plus voisins désormais de la réalité. Au bout de deux heures la blanche apparition rentrait dans son coquet refuge, où elle attendait le jour en respirant les fleurs qu'elle venait de cueillir pour parfumer son doux nid, en écoutant chanter les rossignols du Petit-Nesle et les coqs du Pré-aux-Clercs.

Un peu avant l'aube, Ascanio revenait

voir sa fiancée et lui apportait ses provisions du jour, adroitement dérobées à dame Ruperte, grâce à la complicité de Cellini. Alors commençaient de bonnes et ravissantes causeries, souvenirs d'amants, projets d'époux. Quelquefois aussi Ascanio restait silencieusement en contemplation devant son idole, et Colombe se laissait regarder en lui souriant. Souvent quand ils se quittaient, ils n'avaient pas prononcé une seule parole ; mais c'était alors même qu'ils s'étaient le plus parlé. Chacun d'eux n'avait-il pas dans son cœur tout ce que l'autre eût pu lui dire, plus ce que le cœur ne dit pas, et que Dieu lit?

La douleur et la solitude dans le jeune âge ont cela de bon, qu'en faisant l'âme meilleure et plus grande elles la conservent aussi fraîche. Colombe, la vierge fière et digne, était en même temps une jeune fille gaie et folle; il y avait donc, outre les jours où on rêvait, les jours où l'on riait, les jours où l'on jouait comme des enfants, et, chose étonnante, ce n'étaient pas ces jours ou plutôt ces nuits, car, comme on le sait, les jeunes gens avaient interverti l'ordre de la nature, ce n'étaient pas ces jours qui passaient le plus vite. L'amour, comme toute chose rayonnante, a besoin d'ombre pour mieux briller.

Jamais un mot d'Ascanio n'effraya la timide et pure enfant, qui l'appelait son frère. Ils étaient seuls, ils s'aimaient; mais justement parce qu'ils étaient seuls, ils sentaient mieux la présence de Dieu, dont ils voyaient de plus près le ciel, et justement parce qu'ils s'aimaient, ils respectaient leur amour comme une divinité.

Dès que l'aurore commençait à dorer faiblement les toits des maisons, Colombe, à grand regret, renvoyait son ami, mais comme Juliette renvoyait Roméo, en le rappelant dix fois. L'un ou l'autre avait toujours oublié quelque chose de bien important ; cependant il fallait partir à la fin, et Colombe, jusqu'au moment où, vers midi, elle remettait son cœur à Dieu et s'endormait du sommeil des anges, restait seule à rêver, écoutait à la fois les pensées qui murmuraient dans son cœur et les petits oiseaux qui s'éveillaient en chantant sous les tilleuls de son ancien jardin. Il va sans dire qu'en se retirant Ascanio emportait l'échelle.

Pour ces petits oiseaux, elle émiettait chaque matin du pain à l'entrée de la bouche de la statue; les hardis pillards venaient chercher ce pain, et vite ils s'envolaient d'abord ; mais ils s'apprivoisèrent peu à peu. Les oiseaux comprennent les âmes des jeunes filles, ailées comme eux. Ils restaient donc long-temps et payaient en chanson le repas que leur donnait Colombe. Il y eut même un chardonneret audacieux qui se hasarda dans l'intérieur de la chambre et qui s'habitua à venir manger dans la main de la jeune fille le matin et le soir. Puis, comme les nuits commençaient à devenir fraîches, une nuit il se laissa prendre par la jeune prisonnière, qui le mit dans son sein, où il dormit jusqu'au jour, malgré la visite d'Ascanio, malgré la promenade de Colombe. Le captif volontaire ne manqua pas de revenir le lendemain et tous les autres soirs. A l'aube il se mettait à chanter. Colombe alors le prenait, le donnait à baiser à Ascanio et lui rendait la liberté.

Ainsi se passait l'existence de Colombe dans la tête de la statue.

Deux événements en troublèrent seuls le cours paisible, ces deux événements furent les deux visites domiciliaires du prévôt. Une fois Colombe se réveilla en sursaut en entendant la voix de son père; ce n'était pas un rêve : il était là, dans le jardin au-dessous d'elle, et Benvenuto lui disait :

— Vous demandez ce que c'est que ce colosse, monsieur d'Estourville ? C'est la statue de Mars que Sa Majesté le roi François Ier a eu la bonté de me commander pour Fontainebleau. Un petit bijou de soixante pieds, comme vous voyez, rien que cela.

— C'est fort grandiose et fort beau, répondit messire d'Estourville; mais passons, ce n'est pas cela que je viens chercher.

— Ce serait trop facile à trouver.

Et ils passèrent.

Colombe à genoux, les bras étendus, avait envie de crier à son père : — Mon père, mon père, je suis ici ! Le vieillard cherchait sa fille, il la pleurait peut-être; mais la pensée du comte d'Orbec, mais les projets odieux de madame d'Etampes, mais le souvenir de la conversation qu'avait entendue Ascanio paralysèrent son élan. Aussi cette sensation ne lui vint-elle même point à la seconde visite quand la voix du hideux comte se mêla à celle du prévôt.

— Voilà une étrange statue, et faite comme une maison, disait d'Orbec arrêté aux pieds du colosse. Si elle résiste à l'hiver, les hirondelles pourront y bâtir leur nid au printemps.

Le matin même de ce jour, où la seule voix de son fiancé causa une si grande terreur à Colombe, Ascanio lui avait apporté une lettre de Cellini.

« Mon enfant, disait Benvenuto, je suis obligé de partir, mais soyez tranquille, je laisse tout préparé pour votre délivrance t votre bonheur. Une parole du roi me garantit le succès, et, vous le savez, le roi n'a jamais manqué à sa parole. Dès aujourd'hui votre père va s'absenter aussi. Ne désespérez pas. J'ai eu maintenant tout le temps qu'il me fallait. Je vous le dis encore, chère fille, fussiez-vous sur le seuil de l'église, fussiez-vous agenouillée devant l'autel et prête à prononcer les paroles qui lient à jamais, laissez faire la fatalité; la Providence, je vous le jure, interviendra à temps.

» Adieu.

» Votre père,

» BENVENUTO CELLINI. »

Cette lettre, qui remplit de joie Colombe

en ravivant ses espérances, eut le malheureux effet d'inspirer aux pauvres enfants une sécurité dangereuse. La eunesse ne connaît pas les sentiments modérés, elle saute du désespoir à l'extrême confiance; pour elle le ciel est toujours ou gros de tempêtes ou resplendissant d'azur. Rassurés doublement et par l'absence du prévôt et par la lettre de Cellini, ils négligèrent dès lors les précautions, donnèrent plus à l'amour et moins à la prudence. Colombe ne veillait plus avec autant de soins sur ses mouvements, et fut aperçue de Perrine, qui ne vit, par bonheur, en elle que le moine bourru. Ascanio alluma la lampe sans tirer les rideaux, et la lumière fut aperçue par dame Ruperte. Le double récit des deux commères éveilla la curiosité de Jacques Aubry, et l'indiscret écolier, pareil à l'Horace de l'*École des*

Femmes, alla tout révéler, juste à celui à qui il eût fallu tout taire. On connaît le résultat de cette confidence.

Revenons donc à l'hôtel d'Étampes.

Quand on demanda à Marmagne comment il était arrivé à cette précieuse découverte, il ne voulut rien dire et fit le mystérieux. La vérité était trop simple et laissait trop peu de bonheur à sa pénétration : il aima mieux donner à entendre que c'était à force de ruses et de luttes qu'il en était arrivé aux magnifiques résultats dont on s'étonnait. La duchesse, comme nous l'avons dit, était radieuse; elle allait, venait, interrogeait le vicomte; on la tenait donc enfin, la petite rebelle, qui avait causé tant d'alarmes! Madame d'Étampes voulait aller elle-même à l'hô-

tel de Nesle s'assurer du bonheur de ses
amis. D'ailleurs, après ce qui était arrivé,
après la fuite ou plutôt l'enlèvement de
Colombe, on ne pouvait plus laisser la
jeune fille au Petit-Nesle. La duchesse s'en
chargerait; elle l'amènerait à l'hôtel d'É-
tampes; elle saurait bien l'y garder, elle,
mieux que n'avaient fait duègne et fiancé;
elle l'y garderait comme une rivale! et
Colombe, comme on le voit, serait bien
gardée.

La duchesse fit approcher sa litière.

La chose est restée à peu près secrète,
dit madame d'Étampes au prévôt. Vous,
d'Orbec, vous n'êtes pas homme, n'est-ce
pas? à vous préoccuper d'une escapade
d'enfant. Ainsi, je ne vois pas ce qui em-

pêcherait le mariage d'avoir lieu et nos
projets de tenir.

— O madame! fit en s'inclinant messire d'Estourville enchanté.

— Aux mêmes conditions, n'est-ce pas,
duchesse? dit d'Orbec.

— Sans doute, aux mêmes conditions,
mon cher comte. Quant au Benvenuto,
continua la duchesse; coupable ou complice d'un rapt infâme, soyez tranquille,
cher vicomte, nous vous en vengerons en
nous en vengeant.

— Mais on me disait, madame, reprit
Marmagne, que le roi, dans son enthousiasme artistique, avait pris avec lui, dans
le cas où la fonte de son Jupiter réussirait,

de tels engagements, qu'il n'aurait plus qu'à souhaiter pour voir ses souhaits accomplis.

— Soyez tranquille, c'est là où je le guette, répondit la duchesse, je lui ménage pour ce jour-là une surprise à laquelle il ne s'attend pas. Ainsi reposez-vous sur moi, et laissez-moi tout mener.

C'est ce qu'il y avait de mieux à faire; il y avait long-temps que la duchesse ne s'était montrée aussi empressée, aussi active, aussi charmante. Sa joie éclatait malgré elle. Elle envoya en hâte le prévôt chercher ses hoquetons, et bientôt le prévôt, d'Orbec et Marmagne, précédés de sergents d'armes, arrivèrent à la porte de l'hôtel de Nesle suivis à distance par madame d'Étampes, qui, toute frémissante d'impatience et la tête sans cesse hors de sa litière, attendit sur le quai.

C'était l'heure du dîner des ouvriers, et Ascanio, Pagolo, le petit Jehan et les femmes se trouvaient seuls pour le moment au Grand-Nesle. On n'attendait Benvenuto que le lendemain soir ou le surlendemain au matin. Ascanio, qui reçut les visiteurs, crut à une troisième visite domiciliaire, et, comme il avait reçu à ce sujet des ordres très-positifs du maître, il n'opposa aucune résistance et reçut au contraire les visiteurs avec la plus grande politesse.

Le prévôt, ses amis et ses gens allèrent droit à la fonderie.

— Ouvrez-nous cette porte, dit d'Estourville à Ascanio.

Le cœur du jeune homme se serra de je ne sais quel terrible pressentiment. Cependant il pouvait se tromper, et, comme la moindre hésitation était faite pour donner des soupçons, il remit sans sourciller la clef au prévôt.

— Prenez cette grande échelle, dit le prévôt à ses hoquetons.

Les hoquetons obéirent et, guidés par messire d'Estourville, marchèrent droit à la statue. Arrivé là le prévôt dressa lui-même l'échelle et s'apprêta à monter; mais Ascanio, pâle de courroux et de terreur, posa le pied sur le premier échelon.

— Que prétendez-vous, messieurs? s'écria-t-il; cette statue est le chef-d'œuvre du maître, la garde de cette statue m'est confiée, et le premier qui portera la main sur elle, pour quelque chose que ce soit, celui-là, je vous en préviens, est un homme mort!

Et il tira de sa ceinture un poignard mince et affilé, mais si parfaitement trempé que la lame, d'un seul coup, perçait un écu d'or.

Le prévôt fit un signe et ses hoquetons s'avancèrent contre Ascanio la pique haute. Ascanio fit une résistance désespérée et blessa deux hommes; mais il ne pouvait rien, seul contre huit sans compter le prévôt, Marmagne et d'Orbec. Il lui fallut céder au nombre; il fut terrassé, garrotté, bâillonné, et le prévôt se mit à gravir l'échelle, suivi, de peur de surprise, par deux de ses sergents.

Colombe avait tout vu et tout entendu ; son père la trouva évanouie. En voyant tomber Ascanio elle l'avait cru mort.

Saisi, à cette vue, de colère plutôt encore que d'inquiétude, le prévôt chargea brusquement Colombe sur sa robuste épaule et redescendit; puis tous retournèrent au quai, les sergents d'armes entraînant Ascanio, que d'Orbec regardait avec attention. Pagolo vit passer son camarade et ne bougea point. Le petit Jehan était disparu. Scozzone seule, ne comprenant rien à ce qui se passait, essaya de pousser la porte en criant :

— Qu'est-ce que cette violence, messieurs? Pourquoi entraîner Ascanio? Quelle est cette femme?

Mais en ce moment le voile qui couvrait le visage de Colombe se dérangea, et Scozzone reconnut le modèle de la statue d'Hébé.

Elle se rangea alors pâle de jalousie, et laissa passer sans plus dire une seule parole le prévôt, ses amis, ses gens et ceux qu'ils emmenaient.

— Qu'est-ce que cela signifie et pourquoi avez-vous maltraité ce jeune homme? dit madame d'Étampes en voyant Ascanio garrotté, pâle et tout sanglant; déliez-le! déliez-le!

— Madame, dit le prévôt, ce jeune homme nous a opposé une résistance désespérée : il a blessé deux de mes hommes; il est complice de son maître sans doute, et il me paraît urgent de le conduire en lieu sûr.

— Puis, dit d'Orbec à demi-voix à la duchesse, il ressemble si fort au page italien que j'ai vu chez vous et qui a assisté à toute notre conversation que, s'il n'avait un autre costume et s'il ne parlait la langue que vous m'avez assuré qu'il n'entendait pas, sur l'honneur, madame la duchesse, je jurerais que c'est lui.

— Vous avez raison, monsieur le prévôt, dit vivement la duchesse d'Étampes revenant sur l'ordre qu'elle avait donné de rendre la liberté à Ascanio, vous avez raison, ce jeune homme peut être dangereux. Assurez-vous de lui!

— Au Châtelet le prisonnier! dit le prévôt.

— Et nous, dit la duchesse, aux côtés de laquelle on avait placé Colombe toujours évanouie, nous, messieurs, à l'hôtel d'Étampes !

Un instant après, le galop d'un cheval retentit sur le quai.

C'était le petit Jehan, qui courait à toute bride annoncer à Cellini ce qui venait de se passer à l'hôtel de Nesle.

Quant à Ascanio, il entra au Châtelet sans avoir vu la duchesse et sans savoir la part qu'elle venait de prendre à l'événement qui ruinait toutes ses espérances.

CHAPITRE III.

LES DEUX RIVALES.

Madame d'Étampes, qui depuis qu'elle avait entendu parler de Colombe désirait tant la voir, était enfin servie à souhait, la pauvre enfant était là devant elle évanouie.

Aussi pendant toute la route la jalouse duchesse ne cessa-t-elle de la regarder. Ses yeux, ardents de colère en la voyant si belle, détaillaient chacune de ses beautés, analysaient chacun de ses traits, comptaient une à une toutes les perfections de la pâle jeune fille maintenant en son pouvoir et sous sa main. Elles étaient donc en présence, ces deux femmes qui aspiraient à un même amour et qui se disputaient un même cœur. L'une haineuse et toute-puissante, l'autre faible mais aimée; l'une avec son éclat, l'autre avec sa jeunesse; l'une avec sa passion, l'autre avec son innocence. Toutes deux séparées par tant d'obstacles se rencontraient et se heurtaient à la fin, et la robe de velours de la duchesse pesait, en la froissant, sur la simple robe blanche de Colombe.

Tout évanouie qu'était Colombe, Anne n'était pas la moins pâle des deux. Sans doute cette muette contemplation désespérait son orgueil et détruisait ses espérances; car tandis que comme malgré elle elle murmurait : « On ne m'avait pas trompée : elle est belle, très-belle ! » sa main qui tenait la main de Colombe la serra si convulsivement que la jeune fille, tirée de son évanouissement par la douleur, revint à elle et ouvrit ses grands yeux en disant.

— Ah, madame ! vous me faites mal.

Aussitôt que madame d'Étampes vit se rouvrir les yeux de Colombe, elle lâcha sa main.

Mais la perception de la douleur avait

en quelque sorte précédé chez la jeune fille le retour de ses facultés intellectuelles. Après avoir poussé ce cri plutôt que prononcé ces paroles, elle resta donc, quelques secondes encore, regardant la duchesse avec étonnement et ne pouvant parvenir à rassembler ses idées. Enfin, après un instant d'examen :

— Qui êtes-vous donc, madame, dit-elle, et où m'emmenez-vous ainsi? Puis, tout à coup, se reculant : — Ah ! s'écria-t-elle, vous êtes la duchesse d'Étampes; je me souviens, je me souviens!

— Taisez-vous, reprit Anne impérieusement. Taisez-vous; tout à l'heure nous serons seules, et vous pourrez vous étonner et vous écrier tout à votre aise.

Ces paroles furent accompagnées d'un regard dur et hautain ; mais ce fut le sentiment de sa propre dignité et non ce regard qui imposa silence à Colombe. Elle se renferma donc, jusqu'à ce qu'on fût arrivé à l'hôtel d'Étampes, dans un silence absolu, et, arrivée là, sur un signe de la duchesse elle la suivit dans son oratoire.

Quand les deux rivales se trouvèrent seules ainsi et face à face, elles se toisèrent mutuellement sans rien se dire pendant une ou deux minutes ; mais avec deux expressions de visage bien différentes : Colombe était calme, car son espoir dans la Providence et sa confiance dans Benvenuto la soutenaient; Anne était furieuse de sa tranquillité, mais cette fureur, quoique exprimée par le bouleversement de ses traits, n'éclatait point encore, car elle comptait sur sa toute-puissante volonté et sur son pouvoir pour briser cette faible créature.

Ce fut elle qui rompit la première le silence.

— Hé bien, ma jeune amie, lui dit-elle d'un ton qui, malgré la douceur des paroles, ne laissait pas de doute sur l'amertume de la pensée, vous voilà donc rendue enfin à l'autorité paternelle! C'est bien, mais laissez-moi vous faire avant tout mes compliments sur votre bravoure : vous êtes... hardie pour votre âge, mon enfant.

— C'est que j'ai Dieu pour moi, madame! répondit Colombe avec simplicité.

— De quel dieu parlez-vous, mademoiselle? Ah! du dieu Mars, sans doute, répondit la duchesse d'Étampes avec un de ces clignements d'yeux impertinents dont elle avait si souvent occasion de faire usage à la cour.

— Je ne connais qu'un seul Dieu, madame, le Dieu bon, protecteur, éternel, le Dieu qui recommande la charité dans la fortune et l'humilité dans la grandeur. Malheur à ceux qui ne reconnaissent pas le Dieu dont je parle, car un jour lui à son tour ne les reconnaîtra pas.

— Bien, mademoiselle, bien! dit la duchesse. — La situation est heureuse pour faire de la morale, et je vous féliciterais de l'à-propos si je n'aimais mieux croire que vous voulez faire excuser votre impudeur par votre impudence.

— En vérité, madame, répondit Colombe sans aucune aigreur, mais en haussant imperceptiblement les épaules, je ne cherche point à m'excuser devant vous, ignorant encore en vertu de quel droit vous m'accuseriez. Quand mon père m'interrogera, je lui répondrai avec respect et douleur. S'il me fait des reproches, je tâcherai de me justifier; mais jusque-là, madame la duchesse, souffrez que je me taise.

— Je comprends, ma voix vous importune, et vous préféreriez, n'est-ce pas, rester seule avec votre pensée pour songer à l'aise à celui que vous aimez?

— Aucun bruit, si importun qu'il soit, ne peut m'empêcher de songer à lui, madame, surtout lorsqu'il est malheureux.

— Vous osez donc avouer que vous l'aimez?

— C'est la différence qu'il y a entre nous, madame : vous l'aimez, vous, sans oser l'avouer.

— L'imprudente, s'écria la duchesse d'Étampes, je crois qu'elle me brave!

— Hélas! non, répondit avec douceur Colombe, je ne vous brave pas, je vous réponds seulement parce que vous me forcez de vous répondre. Laissez-moi seule avec ma pensée et je vous laisserai seule avec vos projets.

— Eh bien! puisque tu m'y contrains, enfant, puisque tu te crois assez forte pour lutter avec moi, puisque tu avoues ton amour, j'avouerai le mien; mais en même temps que mon amour j'avouerai ma haine. Oui, j'aime Ascanio, et je te hais! Après tout, pourquoi feindre avec toi, la seule avec qui je puisse tout dire, car tu es la seule, quelque chose que tu dises, que l'on ne croira pas? oui, j'aime Ascanio!

— Alors je vous plains, madame, répondit doucement Colombe, car Ascanio m'aime.

— Oui, c'est vrai, Ascanio t'aime; mais par la séduction si je puis, par un mensonge s'il le faut, par un crime s'il est nécessaire, je te déroberai cet amour, entends-tu! Je suis Anne d'Heilly, duchesse d'Étampes.

— Ascanio aimera, madame, celle qui l'aimera le mieux.

— Oh! mais écoutez-la donc! s'écria la duchesse exaspérée de tant de confiance, ne croirait-on pas que son amour est unique au monde et que nul autre ne peut lui être comparé!

— Je ne dis pas cela, madame. Puisque j'aime ainsi, un autre cœur peut aimer de même; seulement, je doute que ce cœur soit le vôtre.

— Et que ferais-tu donc bien pour lui, voyons, toi qui te vantes de cet amour auquel le mien ne saurait atteindre, que lui as-tu sacrifié jusqu'à présent : l'obscurité de ta vie, l'ennui de la solitude?

— Non, madame, mais ma tranquillité.

— A quoi l'as-tu préféré? au ridicule amour du comte d'Orbec?

— Non, madame, mais à mon obéissance filiale.

— Qu'as-tu à lui donner, toi ; peux-tu le faire riche, puissant, redouté?

— Non, madame, mais j'espère le rendre heureux.

— Oh! moi, dit la duchesse d'Étampes, moi, c'est bien autre chose, et je fais bien davantage : moi, c'est la tendresse d'un roi que je lui immole ; ce sont des richesses, des titres, des honneurs que je mets à ses pieds ; c'est un royaume à gouverner que e lui apporte.

— Oui, c'est vrai, dit Colombe en souriant, votre amour lui donne tout ce qui n'est pas l'amour.

— Assez, assez de cette injurieuse comparaison! s'écria avec violence la duchesse, qui se sentait perdre pas à pas le terrain.

Alors il se fit un instant de silence que Colombe parut soutenir sans embarras, tandis que madame d'Étampes ne dissimulait le sien qu'à l'aide d'une colère visible. Cependant ses traits se détendirent peu à peu, une expression plus douce s'épanouit sur son visage, qu'un rayon de bienveillance vraie ou factice commença d'éclairer doucement et par degrés. Enfin elle revint la première à ce combat que son orgueil ne voulait clore à toutes forces que par un triomphe.

— Voyons, Colombe, dit-elle d'un ton presque affectueux, si l'on te disait : « Sacrifie ta vie pour lui, » que ferais-tu?

— Oh! je la donnerais avec ivresse!

— Moi de même! s'écria la duchesse avec un accent qui prouvait, sinon la sincérité du sacrifice, au moins la violence de l'amour. Mais votre honneur, continua-t-elle, le sacrifieriez-vous comme votre vie?

— Si par mon honneur vous entendez ma réputation, oui; si par mon honneur vous entendez ma vertu, non.

— Comment! n'êtes-vous donc pas à lui, n'est-il donc pas votre amant?

— Il est mon fiancé, madame, voilà tout.

— Oh! elle ne l'aime pas, reprit la duchesse, elle ne l'aime pas! elle lui préfère l'honneur, un mot!

— Et si l'on vous disait, madame, reprit Colombe irritée en dépit de sa douceur, si l'on vous disait à vous : « Renonce pour lui à tes titres, à ta grandeur; immole-lui le roi, non pas en secret, la chose serait trop facile, mais publiquement; si l'on vous disait : « Anne d'Heilly, duchesse d'Étampes, quitte pour son obscur atelier de ciseleur ton palais, tes richesses, tes courtisans? »

— Je refuserais dans son intérêt même, reprit la duchesse comme s'il lui était impossible de mentir sous le regard pénétrant et profond dont la couvrait sa rivale.

— Vous refuseriez?

— Oui.

— Ah! elle ne l'aime pas! s'écria Colombe : elle lui préfère les honneurs, des chimères!

— Mais quand je vous dis que c'est pour lui que je veux garder mon rang! reprit la duchesse exaspérée du nouveau triomphe de sa rivale; quand je vous dis que c'est pour les lui faire partager que je veux conserver mes honneurs! Tous les hommes aiment cela tôt ou tard.

— Oui, répondit Colombe en souriant; mais Ascanio n'est pas un de tous ces hommes.

— Taisez-vous! s'écria pour la seconde fois Anne furieuse et frappant du pied.

Ainsi la rusée et puissante duchesse n'avait pu prendre le dessus sur cette petite fille qu'elle croyait terrifier rien qu'en élevant la voix. A ses interrogatoires courroucés ou ironiques Colombe avait toujours répondu avec un calme et une modestie qui déconcertaient madame d'Étampes. La duchesse sentit bien que l'aveugle impulsion de sa haine lui avait fait faire fausse route. Elle changea donc de tactique : elle n'avait compté a vrai dire ni sur tant de beauté ni sur tant d'esprit, et, ne pouvant faire plier sa rivale, elle résolut de la surprendre.

De son côté, Colombe, comme on l'a vu, n'avait point été autrement effrayée par la double explosion de colère échappée à madame d'Étampes ; seulement, elle s'était renfermée dans un silence froid et digne. Mais la duchesse, en vertu du nouveau plan qu'elle venait d'adopter, se rapprocha avec un sourire tout charmant et lui prit affectueusement la main.

— Pardonnez-moi, mon enfant, lui dit-elle, mais je crois que je me suis emportée : il ne faut pas m'en vouloir ; vous avez tant d'avantages sur moi qu'il est bien naturel que j'en sois jalouse. Hélas ! vous me trouvez sans doute comme toutes les autres une méchante femme ! mais, en vérité, c'est ma destinée qui est méchante et non pas moi. Pardonnez-moi donc ; ce n'est pas une raison, parce que nous nous sommes rencontrées toutes deux à aimer Ascanio, pour nous haïr l'une l'autre. Vous, d'ailleurs, qu'il aime uniquement, c'est votre devoir d'être indulgente. Soyons sœurs, voulez-vous ? causons ensemble à cœur ouvert, et je vais prendre à tâche d'effacer de votre esprit l'impression fâcheuse que ma colère insensée y a laissée peut-être.

— Madame, fit Colombe avec réserve et en retirant sa main par un mouvement de répulsion instinctive ; puis elle ajouta : Parlez, je vous écoute.

— Oh ! répondit madame d'Étampes d'un air enjoué et comme si elle comprenait parfaitement cette réserve de la jeune fille, soyez tranquille, petite sauvage, je ne vous demande pas votre amitié sans vous offrir une garantie. Tenez, pour que vous sachiez bien qui je suis, pour que vous me connaissiez comme je me connais moi-même, je vais vous dire en deux mots ma vie. Mon cœur ne ressemble guère à mon histoire, allez! et l'on nous calomnie souvent, nous autres pauvres femmes qu'on appelle de grandes dames. Ah! l'envie a bien tort de médire de nous quand ce serait à la pitié de nous plaindre. Ainsi, vous, par exemple, mon enfant, comment me jugez-vous? — soyez franche. — Comme une femme perdue, n'est-ce pas?

Colombe fit un mouvement qui indiquait l'embarras qu'elle éprouvait à répondre à une pareille question.

— Mais si l'on m'a perdue, continua madame d'Étampes, est-ce de ma faute, enfin? Vous qui avez eu du bonheur, Colombe, ne méprisez pas trop celles qui ont souffert ; vous qui avez jusqu'ici vécu dans une chaste solitude, ne sachez jamais ce que c'est que d'être élevée pour l'ambition : car à celles qu'on destine à cette torture, comme aux victimes qu'on parait de fleurs, on ne montre de la vie que le côté brillant. Il ne s'agit pas d'aimer, il s'agit de plaire. C'est ainsi que dès ma jeunesse mes pensées ne devaient tendre qu'à séduire le roi ; cette beauté que Dieu donne à la femme pour qu'elle l'échange contre un amour vrai, ils m'ont forcée de l'échanger contre un titre : d'un charme ils ont fait un piége !

Eh bien ! dites-moi, Colombe, que voulez-vous que devienne une pauvre enfant prise à l'âge où elle ignore encore ce que c'est que le bien et le mal, et à qui l'on dit : Le bien, c'est le mal ; le mal, c'est le bien ? Aussi, voyez-vous, quand les autres désespèrent de moi, moi je ne désespère pas. Dieu me pardonnera peut-être, car personne n'était à mes côtés pour m'avertir de lui. Que vouliez-vous que je fisse ainsi isolée, faible, sans appui? La ruse et la tromperie ont été dès lors toute mon existence. Cependant je n'étais pas faite pour ce rôle affreux, et la preuve, voyez-vous, c'est que j'ai aimé Ascanio; et la preuve, c'est qu'en sentant que je l'aimais je me suis trouvée heureuse et honteuse à la fois. Maintenant, dites-moi, chère et pure enfant, me comprenez-vous?

— Oui, répondit naïvement Colombe trompée par cette fausse bonne foi qui mentait avec l'apparence de la vérité.

— Alors vous aurez donc pitié de moi, s'écria la duchesse; vous me laisserez aimer Ascanio de loin, toute seule, sans espoir; et ainsi je ne serai pas votre rivale, puisqu'il ne m'aimera pas, lui; et alors en revanche, moi qui connais ce monde, ses ruses, ses piéges, ses tromperies, moi je remplacerai la mère que vous avez perdue, moi je vous guiderai, moi je vous sauverai. Maintenant vous voyez bien que vous pouvez vous fier à moi, car maintenant vous savez ma vie. Une enfant au cœur de laquelle on fait germer des passions de femme, c'est là tout mon passé. Mon présent, vous le voyez, c'est la honte d'être publiquement la maîtresse d'un roi. Mon avenir, c'est mon amour pour Ascanio : non pas le sien, car vous l'avez dit vous-même, et je me l'étais déjà dit bien souvent, Ascanio ne m'aimera jamais; mais justement parce que cet amour restera pur, il m'épurera. A présent c'est à votre tour de parler, d'être franche, de tout me dire. Racontez-moi votre histoire, chère enfant.

— Mon histoire, madame, est bien courte et surtout bien simple, répondit Colombe ; elle se résume dans trois amours. J'ai aimé, j'aime et j'aimerai : Dieu, mon père, Ascanio. Seulement, dans le passé, mon amour pour Ascanio, que je n'avais pas encore rencontré, c'était un rêve ; dans le présent, c'est une souffrance ; dans l'avenir, c'est un espoir.

— Fort bien, dit la duchesse comprimant la jalousie dans son cœur et les larmes dans ses yeux ; mais ne soyez pas confiante à demi, Colombe. Qu'allez-vous faire maintenant? Comment lutter, vous, pauvre enfant, contre deux volontés aussi puissantes que celles de votre père et du comte d'Orbec, sans compter que le roi vous a vue et vous aime !

— O mon Dieu ! murmura Colombe.

— Mais, comme cette passion était l'ouvrage de la duchesse d'Étampes votre rivale, Anne d'Heilly, votre amie, vous en délivrera. Ne nous occupons donc pas du roi ; mais reste votre père, reste le comte. Leur ambition n'est pas aussi facile à dérouter que la tendresse banale de François Ier.

— Oh! ne soyez pas bonne à demi, s'écria Colombe, sauvez-moi des autres comme vous me sauvez du roi !

— Je ne sais qu'un moyen, dit la duchesse d'Étampes paraissant réfléchir.

— Lequel? demanda Colombe.

— Mais vous vous effraierez, vous ne voudrez pas le suivre.

— Oh! s'il ne faut que du courage, parlez !

— Venez là et écoutez-moi, dit la duchesse en attirant affectueusement Colombe sur un pliant près de son fauteuil et en lui passant la main autour de la taille ; surtout, ne vous effrayez pas aux premiers mots que je vais vous dire.

— C'est donc bien effrayant? demanda Colombe.

— Vous êtes d'une vertu rigide et sans tache, chère petite, mais nous vivons, hélas! dans un temps et dans un monde où cette innocence charmante n'est qu'un danger de plus; car elle vous livre sans défense à vos ennemis, que vous ne pouvez combattre avec les armes dont ils se servent pour vous attaquer. Eh bien! faites un effort sur vous-même, descendez des hauteurs de votre rêve et abaissez-vous au niveau de la réalité. Vous disiez tout à l'heure que vous sacrifieriez à Ascanio votre réputation. Je ne vous en demande pas tant, immolez-lui seulement l'apparence de la fidélité à son amour. Essayer de lutter seule et faible contre votre destin; rêver, vous, fille de gentilhomme, un mariage avec un apprenti orfévre, c'est folie! Tenez, croyez-en les conseils d'une amie sincère : ne leur résistez pas, laissez-vous conduire, restez dans votre cœur la fiancée pure, la femme d'Ascanio, et donnez votre main au comte d'Orbec. Que vous portiez son nom, c'est là ce qu'exigent ses projets ambitieux ; mais, une fois la comtesse d'Orbec, vous déjouerez facilement ses projets infâmes, car vous n'aurez qu'à élever la voix et à vous plaindre. Maintenant, qui oserait vous donner raison dans notre lutte? Personne, moi-même je ne puis vous aider contre l'autorité légitime d'un père; tandis que, s'il ne fallait que déjouer les calculs de votre mari, vous me verriez à l'œuvre. Réfléchissez à cela. Pour rester votre maîtresse, obéissez; pour devenir indépendante, faites semblant d'abandonner votre liberté. Alors, forte de cette pensée qu'Ascanio est votre époux légitime et qu'une union avec tout autre n'est qu'un sacrilége, vous ferez ce que vous dictera votre cœur, et votre conscience se taira, et le monde, aux yeux duquel les apparences seront sauvées, vous donnera raison.

— Madame, madame! murmura Colombe en se levant et en se roidissant contre le bras de la duchesse, qui essayait de la retenir; je ne sais pas si je vous comprends bien, mais il me semble que vous me conseillez une infamie!

— Vous dites? s'écria la duchesse.

— Je dis que la vertu n'est pas si subtile, madame; je dis que vos sophismes me font honte pour vous; je dis que sous l'apparente amitié dont votre haine se couvre, je vois le piége que vous me tendez. Vous voulez me déshonorer aux yeux d'Ascanio, n'est-ce pas! parce que vous savez qu'Ascanio n'aimera jamais ou cessera d'aimer la femme qu'il méprise?

— Eh bien! oui! dit la duchesse en éclatant, car je suis lasse à la fin de porter le masque! Ah! tu ne veux pas tomber dans le piége que je te tends, dis-tu! eh bien! tu tomberas dans l'abîme où je te pousse! Écoute donc ceci : Que ta volonté y soit ou non, tu épouseras d'Orbec!

— En ce cas, la violence dont je serai victime m'excusera, et, tout en cédant, si pourtant je cède, je n'aurai pas profané la religion de mon cœur.

— Ainsi, tu essaieras de lutter?

— Par tous les moyens qui sont en la puissance d'une pauvre fille. Je vous en avertis, je dirai Non jusqu'au bout. Vous mettrez ma main dans la main de cet homme, je dirai Non ! Vous me trainerez devant l'autel, je dirai Non ! Vous me forcerez de m'agenouiller en face du prêtre, et en face du prêtre je dirai Non !

— Qu'importe ! Ascanio croira que tu as accepté le mariage que tu auras subi.

— Aussi j'espère bien ne pas le subir, madame.

— Sur qui comptes-tu donc pour te secourir ?

— Sur Dieu là-haut, et sur un homme en ce monde.

— Mais puisque cet homme est prisonnier !

— Cet homme est libre, madame.

— Quel est donc cet homme alors ?

— Benvenuto Cellini.

La duchesse grinça des dents en entendant prononcer le nom de celui qu'elle tenait pour son plus mortel ennemi. Mais au moment où elle allait répéter ce nom en l'accompagnant de quelque imprécation terrible, un page souleva la portière et annonça le roi.

La duchesse d'Étampes s'élança hors de l'appartement et, le sourire sur les lèvres, elle alla au-devant de François Ier, qu'elle entraîna dans sa chambre en faisant signe à ses valets de veiller sur Colombe.

CHAPITRE IV.

BENVENUTO AUX ABOIS.

Une heure après l'emprisonnement d'Ascanio et l'enlèvement de Colombe, Benvenuto Cellini cheminait au pas de son cheval le long du quai des Augustins : il quittait le roi et sa cour, qu'il avait fort amusés pendant tout le chemin par mille contes comme il savait les faire, entremêlés du récit de ses propres aventures ; mais une fois rendu à la solitude, il était retombé dans sa pensée : le causeur frivole avait fait place au songeur profond. Tandis que sa main laissait flotter la bride, son front penché méditait ; il rêvait à la fonte du Jupiter, d'où dépendait maintenant avec sa gloire d'artiste le bonheur de son cher Ascanio : le bronze fermentait dans son cerveau avant de bouillir dans la fournaise. Au dehors pourtant il était calme.

Quand il arriva devant la porte de l'hôtel, il s'arrêta une minute étonné de ne pas entendre le bruit des marteaux ; le noir château était muet et morne, comme si nulle âme ne l'habitait ; puis le maître frappa sans qu'on répondît ; enfin au troisième coup Scozzone vint ouvrir.

— Ah! vous voilà, maître! s'écria-t-elle en apercevant Benvenuto Cellini. Hélas! que n'êtes-vous revenu deux heures plus tôt!

— Qu'est-il donc arrivé? demanda Cellini.

— Le prévôt, le comte d'Orbec et la duchesse d'Étampes sont venus.

— Après?

— Ils ont fait une perquisition.

— Eh bien?

— Ils ont trouvé Colombe dans la tête du dieu Mars.

— Impossible!

— La duchesse d'Étampes a emmené

Colombe chez elle, et le prévôt a fait conduire Ascanio au Châtelet.

— Ah! nous avons été trahis! s'écria Benvenuto en frappant son front de la main et la terre de son pied. Puis, comme en toute chose le premier mouvement de cet homme d'énergie était la vengeance, il laissa son cheval regagner seul l'écurie, et s'élançant dans l'atelier :

— Tous ici! cria-t-il, tous!

Un instant après, tous les ouvriers étaient réunis.

Alors chacun eut à subir un interrogatoire en règle ; mais chacun ignorait complétement non-seulement le lieu de la retraite de Colombe, mais encore le moyen par lequel les ennemis de la jeune fille avaient pu le découvrir : il n'y eut pas jusqu'à Pagolo, sur lequel les soupçons de Benvenuto avaient porté tout d'abord, qui ne se disculpât de façon à ne laisser aucun doute au maître. Il va sans dire que ces soupçons ne s'étaient pas fixés un instant sur l'honnête Hermann et n'avaient qu'effleuré Simon-le-Gaucher.

Voyant que de ce côté il n'avait rien à venger ni à apprendre, Benvenuto prit aussitôt son parti avec la rapidité de résolution qui lui était habituelle, et, après s'être assuré que son épée tenait bien à son côté et que son poignard glissait facilement dans le fourreau, il ordonna à tout le monde de se tenir à son poste afin qu'il pût retrouver chacun en cas de besoin. Il sortit de l'atelier, descendit rapidement le perron et s'élança dans la rue.

Cette fois son visage, sa marche et tous ses mouvements portaient l'empreinte de la plus vive agitation. En effet, mille pensées, mille projets, mille douleurs se heurtaient et se mêlaient dans sa tête. Ascanio lui manquait au moment où il lui était le plus nécessaire; car pour la fonte de son Jupiter ce n'était pas trop que tous ses apprentis, et à leur tête le plus intelligent de tous. Colombe était enlevée, et au milieu de tous ses ennemis Colombe pouvait perdre courage. Cette sereine et sublime confiance qui faisait à la pauvre enfant comme un rempart contre les mauvaises pensées et les desseins pervers allait peut-être s'altérer et l'abandonner parmi tant d'embûches et de menaces.

Puis, au milieu de tout cela un souvenir bouillait au fond de sa pensée; il se

souvenait qu'un jour qu'il avait fait entrevoir à Ascanio la possibilité de quelque cruelle vengeance de la part de la duchesse d'Étampes, Ascanio avait répondu en souriant : « Elle n'osera me perdre, car
» d'un mot je la perdrais. » Benvenuto alors avait voulu connaître ce secret ; mais le jeune homme avait répondu : « Aujour-
» d'hui, maître, ce serait une trahison.
» Attendez le jour où ce ne sera qu'une
» défense. »

Benvenuto avait compris cette délicatesse et avait attendu. Maintenant il fallait qu'il revît Ascanio. C'était donc vers ce résultat qu'il devait tendre d'abord.

Chez Benvenuto la résolution suivait immédiatement le désir. Il s'était à peine dit qu'il lui fallait voir Ascanio, qu'il frappait à la porte du Châtelet. Le guichet s'ouvrit et l'un des sergents du prévôt demanda à Cellini qui il était. Un autre homme se tenait derrière lui dans l'ombre.

— Je m'appelle Benvenuto Cellini, répondit l'orfévre.

— Que désirez-vous? reprit le sergent.

— Je désire voir un prisonnier enfermé dans cette prison.

— Comment se nomme-t-il?

— Ascanio.

— Ascanio est au secret et ne peut voir personne.

— Et pourquoi Ascanio est-il au secret?

— Parce qu'il est accusé d'un crime qui entraîne peine de mort.

— Alors raison de plus pour que je le voie? s'écria Benvenuto.

— Vous avez une singulière logique, seigneur Cellini, dit d'un ton goguenard la voix de l'homme caché dans l'ombre, et qui n'est pas de mise au Châtelet.

— Qui rit quand je demande? qui raille quand je prie? s'écria Benvenuto.

— Moi, dit la voix; moi, Robert d'Estourville, prévôt de Paris. Chacun son tour, seigneur Cellini. Toute lutte se compose de partie et revanche. Vous avez gagné la première manche, à moi la seconde. Vous m'avez pris illégalement mon hôtel, je vous ai pris légalement votre apprenti. Vous n'avez pas voulu me rendre l'un, soyez tranquille, je ne vous rendrai pas l'autre. Maintenant, vous êtes brave et entreprenant, vous avez une armée de compagnons dévoués; allons, mon preneur de citadelle! allons, mon escaladeur de murailles! allons, mon enfonceur de portes! venez prendre le Châtelet! je vous attends!

A ces mots le guichet se referma.

Benvenuto poussa un rugissement et s'élança vers la porte massive; mais, malgré l'effort réuni de ses pieds et de ses mains, la porte ne remua pas même sous ses efforts.

— Allez, mon ami, allez, frappez, frappez, cria le prévôt de l'autre côté de la porte, vous n'arriverez qu'à faire du bruit; et si vous en faites trop, gare le guet! gare les archers! Ah! c'est que le Châtelet n'est pas comme l'hôtel de Nesle, voyez-vous; c'est à notre sire le roi qu'il appartient, et nous verrons si vous serez en France plus maître que le roi.

Benvenuto chercha des yeux autour de lui et vit sur le quai une borne déracinée que deux hommes de force ordinaire auraient pu soulever à peine. Il alla droit à cette borne et la chargea sur son épaule avec la même facilité qu'un enfant eût fait d'un pavé ordinaire.

Mais à peine eut-il fait quelques pas, qu'il réfléchit que, la porte enfoncée, il trouverait la garde intérieure, et que cette voie de fait pourrait à son tour le conduire en prison lui-même; en prison, au moment où la liberté d'Ascanio dépendait de la sienne. Il laissa donc retomber la borne, qui, par l'effet de son propre poids, entra de quelques pouces en terre.

Sans doute le prévôt le regardait par quelque judas invisible, car il entendit un second éclat de rire.

Benvenuto s'éloigna à toutes jambes pour ne pas céder à l'envie d'aller se briser la tête contre cette porte maudite.

Il alla droit à l'hôtel d'Étampes.

Tout n'était pas perdu encore si, ne pouvant voir Ascanio, il voyait du moins

Colombe. Peut-être Ascanio, dans un épanchement d'amour, avait-il confié à sa fiancée le secret qu'il avait refusé d'apprendre à son maître.

Tout alla bien d'abord; la porte de l'hôtel était ouverte, il franchit la cour et entra dans l'antichambre, où se tenait un grand laquais galonné sur toutes les coutures, espèce de colosse de quatre pieds de large et de six pieds de haut.

— Qui êtes-vous? demanda-t-il à l'orfévre en le toisant des pieds à la tête.

En toute autre circonstance, Benvenuto eût répondu à ce regard insolent par quelqu'une des violences qui lui étaient habituelles; mais il s'agissait de voir Colombe, il s'agissait de sauver Ascanio, il se contint.

— Je suis Benvenuto Cellini l'orfévre florentin, répondit-il.

— Que désirez-vous?

— Voir mademoiselle Colombe.

— Mademoiselle Colombe n'est pas visible.

— Et pourquoi n'est-elle pas visible?

— Parce que son père, messire d'Estourville, prévôt de Paris, l'a remise en garde à madame le duchesse d'Étampes, en lui recommandant de veiller sur elle.

— Mais, moi, je suis un ami.

— Raison de plus pour que vous soyez suspect.

— Je vous dis qu'il faut pourtant que je la voie! dit Benvenuto, qui commençait à s'échauffer.

— Et moi je vous dis que vous ne la verrez pas, répondit le laquais.

— Et la duchesse d'Étampes, au moins est-elle visible?

— Pas plus que mademoiselle Colombe.

— Pas même pour moi qui suis son orfévre?

— Pour vous moins encore que pour tout autre.

— Alors je suis consigné! s'écria Benvenuto.

— Justement, s'écria le valet, et vous avez mis le doigt dessus.

— Sais-tu que je suis un singulier homme, l'ami, dit à son tour Benvenuto Cellini avec ce rire terrible qui précédait ordinairement ses explosions de colère, et que c'est où l'on ne veut pas me laisser entrer que j'entre!

— Et comment faites-vous? dites-moi cela, hein? vous me ferez plaisir?

— Quand il y a une porte et un drôle comme toi devant, par exemple...

— Eh bien? dit le laquais.

— Eh bien ! dit Benvenuto en joignant l'effet à la parole, je culbute le drôle et j'enfonce la porte.

En même temps d'un coup de poing Benvenuto envoyait le laquais rouler à quatre pas de là, et d'un coup de pied il enfonçait la porte.

— A l'aide ! cria le laquais, à l'aide !

Mais ce cri de détresse du pauvre diable était inutile ; en passant du vestibule dans l'antichambre, Benvenuto s'était trouvé en face de six valets qui semblaient placés là pour l'attendre.

Il devina que la duchesse d'Étampes avait appris son retour et que toutes ses précautions avaient été prises en conséquence.

Dans toute autre circonstance, et armé comme il l'était de son poignard et de son épée, Benvenuto serait tombé sur toute cette valetaille et en eût eu probablement bon marché, mais cet acte de violence dans l'hôtel de la maîtresse du roi pouvait avoir des suites terribles. Pour la seconde fois, contre son habitude, la raison prit donc le dessus sur la colère, et, sûr au moins de pouvoir parvenir jusqu'au roi, près duquel, comme on le sait, il avait ses entrées à toute heure, il remit au fourreau son épée déjà à moitié tirée, revint sur ses pas, et en s'arrêtant à chaque mouvement, comme un lion qui bat en retraite, traversa lentement le vestibule, puis après le vestibule la cour, et s'achemina vers le Louvre.

Cette fois, Benvenuto avait repris son air tranquille et sa marche mesurée ; mais ce calme n'était qu'apparent : de grosses gouttes de sueur perlaient sur son front et une sombre colère s'amassait en lui, qui le faisait d'autant plus souffrir qu'il essayait plus énergiquement de la maîtriser. Rien n'était en effet plus antipathique à cette violente nature que le délai inerte, que l'obstacle misérable d'une porte fermée, que le refus grossier d'un laquais insolent. Ces hommes forts auxquels la pensée obéit n'ont pas de plus grands désespoirs que lorsqu'ils se heurtent inutilement à une résistance matérielle. Benvenuto eût donné dix ans de sa vie pour qu'un homme le coudoyât, et tout en marchant il levait de temps en temps la tête, et, fixant son regard terrible sur ceux qui passaient près de lui, il semblait leur dire : — Voyons, y a-t-il parmi vous un malheureux qui soit las de vivre ? En ce cas qu'il s'adresse à moi, je suis son homme !

Un quart d'heure après, Benvenuto entrait au Louvre et s'arrêtait dans la salle des pages, demandant à parler à Sa Majesté sur l'heure. Il voulait tout raconter à François I*er*, faire un appel à sa loyauté et, s'il n'obtenait point la permission de délivrer Ascanio, solliciter au moins celle de le voir ; il avait tout le long du chemin songé à ce qu'il devait dire au roi, et, comme Benvenuto ne manquait pas de prétentions à l'éloquence, il était d'avance fort content du petit discours qu'il avait préparé. En effet, tout ce mouvement, ces terribles nouvelles subitement apprises, ces outrages essuyés, ces obstacles qu'il n'avait pu vaincre, tout cela avait allumé le sang dans les veines de l'irascible artiste ; ses tempes bourdonnaient, son cœur battait avec force, ses mains tremblaient. Il ne savait lui-même quelle excitation ardente doublait l'énergie de son corps et de son âme : une journée de vie se concentre parfois en une minute.

Ce fut dans ces dispositions que Benvenuto, s'adressant à un page, demanda la faveur d'entrer chez le roi.

— Le roi n'est pas visible, répondit le jeune homme.

— Ne me reconnaissez-vous pas? répondit Benvenuto étonné.

— Si fait, parfaitement, au contraire.

— Je m'appelle Benvenuto Cellini, et Sa Majesté est toujours visible pour moi.

— C'est justement parce que vous vous appelez Benvenuto Cellini, répondit le page, que vous ne pouvez entrer.

Benvenuto demeura stupéfait.

— Ah! c'est vous! continua le jeune homme en s'adressant à un courtisan qui était arrivé en même temps que l'orfévre, c'est vous M. de Termes! entrez, entrez, comte de La Faye; entrez, marquis des Prés.

— Et moi, et moi donc? s'écria Benvenuto pâlissant de colère.

— Vous ! le roi en rentrant, il y a dix minutes, a dit : Si cet insolent Florentin se présente, qu'il sache que je ne veux pas le voir, et qu'on lui conseille d'être docile s'il ne veut pas avoir à faire la comparaison entre le Châtelet et le fort Saint-Ange.

— A mon aide, ô patience ! à mon aide ! murmura Benvenuto Cellini d'une voix sourde; car, vrai Dieu ! je ne suis pas habitué à ce que les rois me fassent attendre ! Le Vatican valait bien le Louvre, et Léon X François Ier, et cependant je n'attendais pas à la porte du Vatican, je n'attendais pas à la porte de Léon X ; mais je comprends : c'est cela; oui, le roi était chez madame d'Étampes, le roi sort de chez sa maîtresse, il est prévenu par elle contre moi. Oui, c'est cela; patience pour Ascanio ! patience pour Colombe !

Mais, malgré cette belle résolution d'être patient, Benvenuto fut obligé de s'appuyer contre une colonne : son cœur se gonflait, ses jambes se dérobaient sous lui. Ce dernier affront ne le froissait pas seulement dans son orgueil, il le blessait dans son amitié. Son âme était toute pleine d'amertume et de désespoir, et ses lèvres serrées, son regard morne, ses mains crispées témoignaient de la violence de sa douleur.

Cependant, au bout d'une minute il revint à lui, chassa par un mouvement de tête ses cheveux, qui retombaient sur son front, et sortit d'un pas ferme et décidé. Tous ceux qui étaient là le regardaient s'éloigner avec une sorte de respect.

Si Benvenuto paraissait calme, c'était

grâce à la puissance inouïe qu'il possédait sur lui-même; car en réalité il était plus égaré et plus troublé qu'un cerf aux abois. Il alla quelque temps dans la rue sans savoir où il allait, sans voir autre chose qu'un nuage, sans rien entendre que le bourdonnement de son sang dans ses oreilles, se demandant vaguement à lui-même, comme on le fait dans l'ivresse, s'il dormait ou s'il veillait. C'était la troisième fois qu'on le chassait depuis une heure. A lui, Benvenuto, ce favori des princes, des papes et des rois, c'était la troisième fois qu'on lui jetait la porte au visage; à lui, Benvenuto, devant lequel les portes s'ouvraient à deux battants quand on entendait venir le bruit de ses pas. Et cependant, malgré ce triple affront, il n'avait pas le droit de laisser faire sa colère : il fallait qu'il cachât sa rougeur et qu'il dissimulât sa honte jusqu'à ce qu'il eût sauvé Colombe et Ascanio. La foule qui passait près de lui, insouciante, paisible ou affairée, lui paraissait lire sur son front la triple injure qu'il venait de supporter. Ce fut peut-être le seul moment de sa vie où cette grande âme humiliée douta d'elle-même.

Cependant, au bout d'un quart d'heure à peu près de cette fuite aveugle, errante, désordonnée, il descendit en lui-même et releva la tête : son abattement le quitta et sa fièvre le reprit.

— Allons! s'écria-t-il tout haut, tant il était dominé par sa pensée, tant l'âme dévorait le corps, allons! ils ont beau fouler l'homme, ils ne terrasseront pas l'artiste. Allons, sculpteur! qu'ils se repentent de leur action en admirant ton œuvre; allons, Jupiter! prouve que tu es encore non-seulement le roi des dieux, mais le maître des hommes.

Et en achevant ces paroles Benvenuto, entraîné, pour ainsi dire, par une impulsion plus forte que lui, prit sa course vers les Tournelles, cette ancienne résidence royale qu'habitait encore le vieux connétable Anne de Montmorency.

Il fallut que le bouillant Benvenuto attendît son tour pendant une heure, avant de pénétrer jusqu'au ministre-soldat de François Ier, qu'assiégeait une foule de courtisans et de solliciteurs; enfin on l'introduisit près du connétable.

Anne de Montmorency était un homme

de haute taille, à peine courbé par l'âge, froid, roide et sec, au regard vif, à la parole brève; il grondait éternellement, et jamais on ne l'avait vu de bonne humeur. Il eût regardé comme une humiliation d'être surpris riant. Comment ce vieillard morose avait-il plu à l'aimable et gracieux prince qui gouvernait alors la France, c'est ce que l'on ne peut s'expliquer que par la loi des contrastes. François Ier avait le secret de renvoyer contents ceux qu'il refusait; le connétable, au contraire, s'arrangeait de façon à renvoyer furieux ceux qu'il contentait. D'un génie assez médiocre d'ailleurs, il inspirait de la confiance au roi par son inflexibilité militaire et sa gravité dictatoriale.

Quand Benvenuto entra, il se promenait, selon sa coutume, de long en large dans la chambre. Il répondit par un signe de tête au salut de Cellini; puis, s'arrêtant tout à coup et fixant sur lui son regard perçant :

— Qui êtes-vous? lui dit-il.

— Benvenuto Cellini.

— Votre profession?

— Orfévre du roi, répondit l'artiste étonné que sa première réponse ne lui eût pas épargné la seconde question.

— Ah! oui, c'est vrai, grommela le connétable, je vous reconnais; eh bien! que voulez-vous, que demandez-vous, mon cher : que je vous fasse une commande Si vous avez compté là-dessus, vous avez

perdu votre temps, je vous en préviens.
Ma parole d'honneur, je ne comprends
rien à cette manie des arts qui se répand
partout aujourd'hui. On dirait d'une épi-
démie dont chacun serait atteint, moi
excepté. Non, la sculpture n'est pas mon
fait le moins du monde; maître orfévre,
entendez-vous cela! ainsi donc adressez-
vous à d'autres, et bonsoir. Benvenuto fit
un mouvement. Eh! mon Dieu! continua
le connétable, que cela ne vous désespère
pas; vous ne manquerez pas de courtisans
qui viendront singer le roi, et d'ignorants
qui se poseront en connaisseurs. Quant à
moi, écoutez bien ceci : je m'en tiens à
mon métier, qui est de mener la guerre,
et j'aime cent fois mieux, je vous le dis,
une bonne paysanne qui me fait tous les
dix mois un enfant, c'est-à-dire un soldat,
qu'un méchant statuaire qui perd son

temps à me composer un tas de bons hommes de bronze qui ne sont bons qu'à faire renchérir les canons.

— Monseigneur! dit Benvenuto, qui avait écouté toute cette longue hérésie avec une patience qui l'étonnait lui-même, monseigneur! je ne viens pas vous parler de choses d'art, mais de choses d'honneur.

— Ah! dans ce cas, c'est autre chose. Que désirez-vous de moi? Dites vite.

— Vous souvenez-vous, monseigneur, qu'une fois Sa Majesté m'a dit devant vous que le jour où je lui apporterais la statue de Jupiter, fondue en bronze, elle m'accorderait la grâce que je lui demanderais et qu'elle vous chargeait, monseigneur, vous et le chancelier Poyet, de lui rappeler cette royale promesse, dans le cas où elle l'aurait oubliée?

— Je m'en souviens. Après?

— Eh bien, monseigneur! le moment approche où je vous adjurerai d'avoir de la mémoire pour le roi. En aurez-vous?

— C'est cela que vous venez me demander, monsieur! s'écria le connétable; c'est pour me prier de faire ce que je dois que vous me dérangez!

— Monseigneur!

— Vous êtes un impertinent, monsieur l'orfévre. Apprenez que le connétable

Anne de Montmorency n'a pas besoin qu'on l'avertisse d'être honnête homme. Le roi m'a dit d'avoir de la mémoire pour lui, et c'est une précaution qu'il devrait prendre plus souvent, soit dit sans lui faire tort; eh bien, j'en aurai! dût cette mémoire lui être importune. Adieu, maître Cellini, et passons à d'autres.

Sur ce, le connétable tourna le dos à Benvenuto et fit signe qu'on pouvait faire entrer un autre solliciteur.

De son côté, Benvenuto salua le connétable, dont la brusque franchise ne lui déplaisait pas, et, toujours animé par la même fièvre, toujours poussé par la même pensée ardente, il se présenta chez le chancelier Poyet, qui demeurait non loin de là, à la porte Saint-Antoine.

Le chancelier Poyet formait, avec Anne de Montmorency, toujours maussade, toujours cuirassé des pieds à la tête, l'opposition morale et physique la plus complète. Il était poli, fin, cauteleux, enfoncé dans des fourrures, perdu en quelque sorte dans l'hermine; on ne voyait de lui qu'un crâne chauve et grisonnant, des yeux spirituels et inquiets, des lèvres minces et une main blanche. Il avait autant d'honnêteté peut-être que le connétable, mais moins de droiture.

Là encore il attendit une demi-heure ; mais Benvenuto n'était plus reconnaissable : il s'habituait à attendre.

— Monseigneur, dit-il quand enfin on 'introduisit, je viens vous rappeler une parole que le roi m'a donnée en votre présence et dont il vous a fait non-seulement le témoin, mais encore le garant.

— Je sais ce que vous voulez dire, messire Benvenuto, interrompit Poyet, et je suis prêt, si vous le désirez, à remettre à Sa Majesté sa promesse devant les yeux; mais je dois vous prévenir que judiciairement parlant vous n'avez aucun droit, attendu qu'un engagement pris en l'air et laissé à votre discrétion n'est nullement valable devant les tribunaux et n'équivaudra jamais à un titre : il en résulte que si le roi satisfait à votre demande ce sera par pure bonne grâce et par loyauté de gentil homme.

— C'est ainsi que je l'entends, monseigneur, dit Benvenuto, et je vous prie seulement de remplir en temps et lieu la commission dont le roi vous a chargé, laissant le reste à la bienveillance de Sa Majesté.

—A la bonne heure! dit Poyet, et dans ces limites, mon cher monsieur, croyez bien que je suis tout à vous.

Benvenuto quitta donc le chancelier l'esprit plus tranquille, mais le sang toujours allumé, les mains toujours fiévreuses. La pensée, exaltée par tant d'impatiences, d'injures et de colère, obligée de se contenir si long-temps, débordait enfin en liberté. L'espace et le temps n'existaient plus pour l'esprit, qu'elle inondait; et tandis que Benvenuto revenait chez lui à grands pas, il revoyait dans une sorte de délire lumineux Sté-

phana, la maison del Moro, le château
Saint-Ange et-le jardin de Colombe. Il sentait en même temps en lui des forces plus
qu'humaines, il lui semblait qu'il vivait
en dehors de ce monde.

Ce fut en proie à cette exaltation étrange
qu'il rentra à l'hôtel de Nesle.

Tous les apprentis l'attendaient comme
il l'avait ordonné.

— A la fonte du Jupiter, mes enfants!
à la fonte! cria-t-il du seuil de la porte, et
il s'élança vers l'atelier.

— Bonjour, maître, dit Jacques Aubry,
qui était entré en chantant joyeusement
derrière Benvenuto Cellini; vous ne m'a-

viez donc ni vu ni entendu! Il y a cinq minutes que je vous poursuis sur le quai en vous appelant, vous marchiez si vite que j'en suis tout essoufflé. Mais qu'avez-vous donc tous ici? vous êtes tristes comme des juges.

— A la fonte! continua Benvenuto sans répondre à Jacques Aubry, qu'il avait cependant vu du coin de l'œil et entendu d'une oreille. A la fonte! tout est là! Réussirons-nous, Dieu clément! Ah! mon ami, continua-t-il en phrases saccadées, s'adressant tantôt à Aubry, tantôt à ses compagnons; ah! mon cher Jacques, quelle triste nouvelle m'attendait au retour, et comme ils ont profité de mon absence!

— Qu'avez-vous donc, maître? s'écria Aubry véritablement inquiet de l'agitation de Cellini et de la profonde tristesse des apprentis.

— Surtout, enfants, apportez du bois de sapin bien sec. Vous savez que depuis six mois j'en fais provision... Ce que j'ai, mon brave Jacques! j'ai que mon Ascanio est en prison au Châtelet! j'ai que Colombe, la fille du prévôt, qu'il aimait, vous savez bien, cette charmante jeune fille est aux mains de la duchesse d'Étampes, son ennemie; ils l'ont trouvée dans la statue de Mars, où je l'avais cachée. Mais nous les sauverons. Eh bien, eh bien! où vas-tu, Hermann! ce n'est pas à la cave qu'est le bois, c'est dans le chantier.

— Ascanio arrêté! s'écria Aubry, Colombe enlevée!

— Oui, oui, quelque infâme espion les

aura guettés, les pauvres enfants, et il aura livré un secret que je vous ai caché à vous-même, mon cher Jacques! Mais, si je le découvre, celui-là!... A la fonte, mes enfants! à la fonte! Ce n'est pas le tout : le roi ne veut plus me voir, moi qu'il appelait son ami. Croyez donc à l'amitié des hommes! Il est vrai que les rois ne sont pas des hommes : ce sont des rois. De sorte que je me suis inutilement présenté au Louvre, je n'ai pu parvenir jusqu'à lui, je n'ai pu lui dire un mot. Ah! ma statue lui parlera pour moi! Disposez le moule, mes amis, et ne perdons pas une minute. Cette femme qui insulte la pauvre Colombe! cet infâme prévôt qui me raille! ce geôlier qui torture Ascanio! Oh! les terribles visions que j'ai eues aujourd'hui, mon cher Jacques!

Voyez-vous, dix années de ma vie, je

les donnerais à celui qui pourrait pénétrer jusqu'au prisonnier, lui parler et me rapporter le secret au moyen duquel je dompterais cette superbe duchesse ; car Ascanio sait un secret qui a cette puissance, entendez-vous, Jacques ! et il a refusé de me le confier, le noble cœur ! mais, va, c'est égal, ne crains rien, Stéphana, ne crains rien pour ton enfant, je le défendrai jusqu'au dernier souffle de ma vie et je le sauverai ! Oui, je le sauverai ! Ah ! le traître qui nous a vendus, où est-il, que je l'étouffe de mes propres mains ! Que je vive seulement trois jours encore, Stéphana, car il me semble que le feu qui me brûle va dévorer ma vie. Oh ! si j'allais mourir sans pouvoir achever mon Jupiter ! A la fonte, enfants ! à la fonte !

Aux premiers mots de Benvenuto Cellini, Jacques Aubry était devenu affreusement pâle; car il soupçonnait qu'il était la cause de tout cela. Puis, à mesure que Benvenuto parlait, ce soupçon s'était changé en certitude; alors sans doute quelque projet, de son côté, lui vint à l'esprit, car il disparut en silence tandis que Cellini tout en fièvre courait à la fonderie, suivi de ses ouvriers, en criant comme un insensé :

— A la fonte ! mes enfants, à la fonte !

CHAPITRE V.

DES DIFFICULTÉS QU'ÉPROUVE UN HONNÊTE HOMME A SE FAIRE METTRE EN PRISON.

Le pauvre Jacques Aubry était sorti désespéré du Grand-Nesle : il n'y avait point à en douter, c'était lui qui, involontairement, avait trahi le secret d'Ascanio. Mais quel était celui qui l'avait trahi lui-même? Ce n'était certes pas ce brave seigneur dont il ignorait le nom ; un gentilhomme, fi donc! Il fallait que ce fût ce drôle d'Henriet, à moins cependant que ce ne fût Robin, ou bien Charlot, ou bien Guillaume. A vrai dire, le pauvre Aubry se perdait dans ses conjectures; le fait est qu'il avait confié l'événement à une douzaine d'amis intimes parmi lesquels il n'était pas facile de retrouver le coupable; mais n'importe! le premier, le véritable, le seul traître, c'était lui, Jacques : l'espion infâme qu'accusait Benvenuto, c'était lui. Au lieu d'enfermer sous triple clef dans son cœur le secret surpris à un ami, il avait été le semer en vingt endroits, il avait par sa langue maudite causé la perte d'Ascanio, d'un frère. Jacques s'arrachait les cheveux, Jacques se donnait des coups de poing, Jacques s'accablait des injures les plus odieuses et ne trouvait pas d'invectives assez révoltantes pour qualifier comme elle le méritait son odieuse conduite.

Ses remords devinrent si poignants et le jetèrent dans une exaspération telle que, pour la première fois de sa vie peut-être, Jacques Aubry se mit à réfléchir. Après tout, quand son crâne serait chauve, sa poitrine violette et sa conscience en pièces, ce n'était pas là ce qui délivrerait Ascanio : à tout prix il fallait réparer le mal au lieu de perdre le temps à se désespérer.

L'honnête Jacques avait retenu ces paroles de Benvenuto : « Je donnerais dix ans de ma vie à qui pourrait pénétrer jusqu'à Ascanio, lui parler et me rapporter le secret au moyen duquel je ferais plier cette altière duchesse. » Et, comme nous l'avons dit, il s'était, contre son habitude, mis à réfléchir. Le résultat de ses réflexions fut qu'il fallait pénétrer dans le Châtelet. Une fois là, il finirait bien par arriver jusqu'à Ascanio.

Mais c'était inutilement que Benvenuto avait tenté d'y entrer comme visiteur; et certes, Jacques Aubry n'eut pas même l'orgueilleuse idée de tenter une chose dans laquelle le maître avait échoué. Mais, s'il était impossible d'y pénétrer comme visiteur, il devait être on ne peut plus facile, du moins le basochien le croyait, d'y entrer comme prisonnier; il y entrerait donc à ce titre; puis, lorsqu'il aurait vu Ascanio, lorsque Ascanio lui aurait tout confié, lorsqu'il n'aurait plus rien à faire au Châtelet, il en sortirait et s'en irait à Benvenuto Cellini, riche du secret sauveur, non pour réclamer les dix ans de sa vie qu'il avait offerts, mais pour lui confesser son crime et lui demander son pardon.

Enchanté de la richesse de son imagination et orgueilleux de l'étendue de son dévouement, il s'achemina vers le Châtelet.

— Voyons, ruminait Jacques Aubry, tout en marchant d'un pas délibéré vers la prison, objet de ses désirs; voyons, pour ne point faire de nouvelles sottises, tâchons de nous mettre au courant de la situation, ce qui ne me paraît pas facile, attendu que toute cette histoire me paraît aussi embrouillée que le fil de Gervaise quand elle me le donne à tenir et que je veux l'embrasser. Voyons, remémorons-nous toutes choses. Ascanio aimait Colombe, la fille du prévôt; bien. Comme le prévôt voulait la marier au comte d'Orbec, Ascanio l'a enlevée, fort bien; puis, une fois enlevée, ne sachant que faire de la gentille enfant, il l'a cachée dans la tête du dieu Mars, *optime*. La cachette était, ma foi! merveilleuse, et il ne fallait rien moins qu'un animal... enfin passons : je me retrouverai après. Alors il paraîtrait que sur mes indices le prévôt a remis la main sur sa fille et fait emprisonner Ascanio. Double brute que je suis! Oui, mais c'est là que l'écheveau s'embrouille. Que vient faire la duchesse d'Étampes dans tout cela? Elle déteste Colombe, que tout le monde aime. Pourquoi? Ah! j'y suis. Certaines railleries des compagnons, l'embarras d'Ascanio quand on lui parlait de la duchesse : madame d'Étampes en tient pour Ascanio et tout naturellement abomine sa rivale. Jacques, mon ami, tu es un grand misérable, mais tu es un gaillard bien intelligent. Ah! oui; mais maintenant comment Ascanio a-t-il entre les mains de quoi perdre la duchesse? Comment le roi va-t-il et vient-il dans toute cette bagarre avec une nommée Stéphana? Comment Benvenuto invoque-t-il à tout moment Jupiter, ce qui est une invocation un peu bien païenne pour un catholique? Au diable si j'y vois goutte. Mais il n'est pas absolument besoin que je comprenne. C'est dans le cachot d'Ascanio qu'est la lumière : l'essentiel est donc de me faire jeter dans ce cachot. Je combinerai le reste ensuite.

Ce disant, Jacques Aubry, arrivé au

terme de son chemin, frappait un coup véhément à la porte du Châtelet. Le guichet s'ouvrit, et une voix rude lui demanda ce qu'il voulait : c'était celle du geôlier.

— Je veux un cachot dans votre prison, répondit Aubry d'une voix sombre.

— Un cachot! fit le geôlier étonné.

— Oui, un cachot, le plus noir et le plus profond ; ce sera encore mieux que je ne le mérite.

— Et pourquoi cela ?

— Parce que je suis un grand criminel.

— Et quel crime avez-vous commis ?

— Ah! au fait, quel crime ai-je commis? se demanda Jacques, qui n'avait pas pensé à se préparer un crime convenable ; puis comme, malgré les compliments qu'il s'était adressés un instant auparavant, la rapidité de l'imagination n'était pas son côté brillant, quel crime? répéta-t-il.

— Oui, quel crime? reprit le geôlier.

— Devinez, dit Jacques. Puis il ajouta à part lui : Ce gaillard-là doit mieux se connaître en crimes que moi, il va me faire une liste et je choisirai.

— Avez-vous assassiné? demanda le geôlier.

— Ah çà! dites donc, s'écria l'écolier, dont la conscience se révoltait à l'idée de passer pour un meurtrier, pour qui me prenez-vous, l'ami?

— Avez-vous volé? continua le geôlier.

— Volé! ah! par exemple!

— Mais qu'avez-vous donc fait alors? s'écria le geôlier impatienté; ce n'est pas le tout de se donner comme criminel, il faut encore dire quel crime on a commis.

— Mais quand je vous dis que je suis un scélérat, que je suis un misérable, quand je vous dis que j'ai mérité la roue, que j'ai mérité le gibet!

— Le crime! le crime! demanda impassiblement le geôlier.

— Le crime! Eh bien, j'ai trahi l'amitié.

— Ce n'est pas un crime, cela! dit le geôlier. — Bonsoir. — Et il referma la porte.

— Ce n'est pas un crime, cela! ce n'est pas un crime! Eh! qu'est-ce donc?

Et Jacques Aubry empoigna le marteau à pleines mains et se remit à frapper de plus belle.

— Mais qu'y a-t-il donc encore? interrompit dans l'intérieur du Châtelet la voix d'un tiers qui survint.

— C'est un fou qui veut entrer au Châtelet, dit le guichetier.

— Alors, si c'est un fou, sa place n'est point au Châtelet, mais à l'hôpital.

— A l'hôpital! s'écria Jacques Aubry en s'enfuyant à toutes jambes ; à l'hôpital! peste, ce n'est point là mon affaire! C'est au Châtelet que je veux entrer, et non à l'hôpital! D'ailleurs ce sont les mendiants et les gueux qu'on met à l'hôpital, et non pas les gens qui, comme moi, ont trente sous parisis dans leurs poches.

A l'hôpital! mais a-t-on vu ce misérable guichetier qui prétend que trahir son ami n'est pas un crime! Ainsi, pour avoir l'honneur d'être admis en prison, il faut avoir ou assassiné ou volé. Mais j'y pense... pourquoi n'aurais-je pas séduit quelque jeune fille? Ce n'est pas déshonorant. Oui, mais quelle jeune fille?.. Gervaise?.. Et, malgré sa préoccupation, l'écolier se mit à rire aux éclats. Eh bien! après tout, dit-il, cela n'est pas, mais cela aurait pu être. Allons! allons! voilà mon crime tout trouvé : j'ai séduit Gervaise.

Et Jacques Aubry prit sa course vers la maison de la jeune ouvrière, monta tout courant les soixante marches qui conduisaient à son logement et sauta de plein bond au milieu de la chambre où dans son négligé coquet la charmante grisette, un fer à la main, repassait ses guimpes.

— Ah! fit Gervaise en poussant un joli petit cri, ah! monsieur, que vous m'avez fait peur!

— Gervaise, ma chère Gervaise, s'écria Jacques Aubry en s'avançant vers sa maîtresse les bras ouverts, il faut me sauver la vie, mon enfant!

— Un instant, un instant! dit Gervaise en se servant de son fer comme d'un bouclier; que voulez-vous, monsieur le coureur? il y a trois jours qu'on ne vous a vu.

— J'ai tort, Gervaise! je suis un malheureux. Mais la preuve que je t'aime, c'est que dans ma détresse c'est vers toi que j'accours. Je te le répète, Gervaise! il faut me sauver la vie.

— Oui, je comprends! vous vous serez grisé dans quelque cabaret où vous aurez eu dispute, on vous poursuit, on veut vous mettre en prison et vous venez prier la pauvre Gervaise de vous donner l'hospitalité! Allez en prison, monsieur, allez en prison, et laissez-moi tranquille!

— Et voilà justement tout ce que je

demande, ma petite Gervaise, c'est d'aller en prison, mais ces misérables-là refusent de m'y mettre.

— O mon Dieu! Jacques, dit la jeune fille avec un mouvement plein de tendre compassion, es-tu fou!

— Voilà : ils disent que je suis fou, et ils veulent m'envoyer à l'hôpital, tandis que c'est au Châtelet que je veux aller, moi.

— Tu veux aller au Châtelet? et pourquoi faire, Aubry? c'est une affreuse prison que le Châtelet. On dit qu'une fois qu'on y est entré on ne sait plus quand on en sort.

— Il faut pourtant que j'y entre, il le

faut pourtant! s'écria l'écolier. Il n'y a que ce moyen de le sauver.

— De sauver qui?

— De sauver Ascanio.

— Qui? Ascanio, ce beau jeune homme, l'élève de votre ami Benvenuto?

— Lui-même, Gervaise. Il est au Châtelet, et au Châtelet par ma faute.

— Grand Dieu!

— De sorte que, dit Jacques, il faut que je le rejoigne, il faut que je le sauve.

— Et pourquoi est-il au Châtelet?

— Parce qu'il aimait la fille du prévôt et qu'il l'a séduite.

— Pauvre jeune homme! Comment, on met en prison pour cela?

— Oui, Gervaise. Maintenant, tu comprends : il la tenait cachée; moi, je découvre la cachette et, comme un niais, comme un misérable, comme un infâme, je raconte la chose à tout le monde.

— Excepté à moi! s'écria Gervaise. Je vous reconnais bien là!

— Je ne te l'ai pas racontée, Gervaise!

— Vous ne m'en avez pas dit un mot. C'est pour les autres que vous êtes bavard; mais pas pour moi. Quand vous venez ici, c'est pour m'embrasser, pour boire ou pour dormir; jamais pour causer. Apprenez, monsieur, qu'une femme aime à causer.

— Eh bien! que faisons-nous donc dans ce moment-ci, ma petite Gervaise? dit Jacques; nous causons, ce me semble!

— Oui, parce que vous avez besoin de moi.

— Il est vrai que tu pourrais me rendre un grand service.

— Et lequel?

— Tu pourrais dire que je t'ai séduite.

—Mais, sans doute, mauvais sujet, vous m'avez séduite.

— Moi! s'écria Jacques Aubry étonné; moi, Gervaise, je t'ai séduite?

— Hélas! oui, c'est le mot; séduite.

monsieur, indignement séduite par vos belles paroles, par vos fausses promesses.

— Par mes belles paroles, par mes fausses promesses?

— Oui. Ne me disiez-vous pas que j'étais la plus jolie fille du quartier Saint-Germain-des-Prés?

— Cela, je te le dis encore.

— Ne disiez-vous pas que si je ne vous aimais pas, vous alliez mourir d'amour?

— Tu crois que je disais cela? C'est drôle, je ne m'en souviens pas.

— Tandis que si au contraire je vous aimais, vous m'épouseriez?

— Gervaise, je n'ai pas dit cela. Jamais!

— Vous l'avez dit, monsieur.

— Jamais, jamais, jamais, Gervaise. Mon père m'a fait faire un serment comme Amilcar à Annibal.

— Lequel?

— Il m'a fait jurer de mourir garçon, comme lui.

— Oh! s'écria Gervaise en appelant, avec cette merveilleuse facilité que les femmes ont à pleurer, les larmes au secours de ses paroles, ah! voilà comme ils sont tous; les promesses ne leur coûtent rien, et puis, quand la pauvre fille est séduite, ils ne se souviennent plus de ce qu'ils ont promis. Aussi, je le jure à mon tour, ce sera la dernière fois que je m'y laisserai prendre.

— Et tu feras bien, Gervaise, dit l'écolier.

— Lorsqu'on pense, s'écria la grisette, qu'il y a des lois pour les larronneurs, les coupeurs de bourse et les tire-laines, et qu'il n'y en a pas contre les mauvais sujets qui perdent les pauvres filles.

— Il y en a, Gervaise, dit Jacques Aubry.

— Il y en a? reprit Gervaise.

— Sans doute, puisque tu vois qu'on a envoyé ce pauvre Ascanio au Châtelet pour avoir séduit Colombe.

— Et l'on a bien fait,, répondit Gervaise, à qui la perte de son honneur ne s'était jamais présentée d'une façon aussi sensible que depuis qu'elle était bien convaincue que Jacques Aubry était décidé à ne pas lui rendre son nom en compensation. Oui, l'on a bien fait, et je voudrais que vous fussiez avec lui au Châtelet.

— Eh! mon Dieu, c'est tout ce que je demande aussi, s'écria l'écolier, et, comme je te l'ai dit, ma petite Gervaise, je compte sur toi pour cela.

— Vous comptez sur moi?

— Oui.

— Riez, ingrat.

— Je ne ris pas, Gervaise.—Je dis que si tu avais le courage...

— Quel courage ?

— De m'accuser devant le juge.

— De quoi ?

— De t'avoir séduite ; mais tu n'oseras jamais.

— Comment, je n'oserai pas, s'écria Gervaise outrée, je n'oserai pas dire la vérité !

— Songe donc qu'il faut faire serment, Gervaise.

— Je le ferai.

— Tu feras serment que je t'ai séduite, moi ?

— Oui, oui, cent fois oui !

— Alors tout va bien, dit l'écolier joyeux. Moi, écoute donc, j'avais peur, un serment est une chose grave.

— Oui, serment à l'instant même, et je vous enverrai au Châtelet, monsieur.

— Bon!

— Et vous retrouverez là votre Ascanio.

— A merveille!

— Et vous aurez tout le temps de faire pénitence ensemble.

— C'est tout ce que je demande.

— Où est le lieutenant-criminel.

— Au Palais-de-Justice.

— J'y cours.

— Courons-y ensemble, Gervaise.

— Oui, ensemble; de cette façon, la punition ne se fera pas attendre.

— Prends mon bras, Gervaise! dit l'écolier.

— Venez, monsieur! dit la grisette.

Et tous deux s'acheminèrent vers le Palais-de-Justice du même pas qu'ils avaient l'habitude de s'en aller, le dimanche, au Pré-aux-Clercs ou à la butte Montmartre.

Cependant, à mesure qu'ils avançaient vers le temple de Thémis, comme Jacques Aubry appelait poétiquement le monument en question, la marche de Gervaise se ralentissait sensiblement; arrivée au bas de l'escalier, elle eut quelque peine à en franchir les marches; enfin, à la porte du lieutenant-criminel, les jambes lui manquèrent tout à fait, et l'écolier la sentit peser de tout son poids à son bras.

— Eh bien, Gervaise, lui dit-il, est-ce que le courage te manque?

— Non, dit Gervaise; mais c'est que c'est bien intimidant, un lieutenant-criminel.

— C'est un homme comme un autre, pardieu!

— Oui, mais il faudra lui raconter des choses.....

— Eh bien ! tu les raconteras.

— Mais il faudra jurer.

— Tu jureras.

— Jacques, demanda Gervaise, es-tu bien sûr de m'avoir séduite?

—Pardieu! si j'en suis sûr! dit Jacques; d'ailleurs ne me le répétais-tu pas tout à l'heure toi-même!

—Oui, c'est vrai; mais, c'est singulier, il me semble que je ne vois plus les choses tout à fait de la même façon ici que je les voyais tout à l'heure.

— Allons, dit Jacques, voilà que tu faiblis, je le savais bien.

— Jacques, mon ami, s'écria Gervaise, ramène-moi à la maison.

— Gervaise, Gervaise, dit l'écolier, ce n'était pas cela que tu m'avais promis.

— Jacques, je ne te ferai plus de reproches, je ne te parlerai plus de rien. Je t'ai aimé parce que tu me plaisais, voilà tout.

— Allons, dit l'écolier, voilà ce que je craignais ; mais il est trop tard.

— Comment, trop tard ?

— Tu es venue ici pour m'accuser, tu m'accuseras.

— Jamais, Jacques, jamais; tu ne m'as pas séduite, Jacques, c'est moi qui ai été coquette.

— Allons, bien ! s'écria l'écolier.

— D'ailleurs, ajouta Gervaise en baissant les yeux, on n'est séduite qu'une fois.

— Comment, qu'une fois?

— Oui, la première fois qu'on aime.

— Eh bien! toi qui m'avais fait croire que tu n'avais jamais aimé!

— Jacques, ramène-moi à la maison.

— Oh çà, non! dit Jacques exaspéré et du refus de Gervaise et du motif sur lequel elle l'appuyait : non! non! non! Et il frappa à la porte du juge.

— Que fais-tu? s'écria Gervaise.

— Tu le vois bien : je frappe.

— Entrez! cria une voix nasillarde.

— Je ne veux pas entrer, dit Gervaise faisant tous ses efforts pour dégager son bras de celui de l'écolier. Je n'entrerai pas.

— Entrez! répéta une seconde fois la même voix, mais avec un accent plus prononcé.

— Jacques, je crie, j'appelle, dit Gervaise.

— Mais entrez donc! dit une troisième fois la voix plus rapprochée, et en même temps la porte s'ouvrit.

— Eh bien! que voulez-vous? dit un grand homme maigre, vêtu de noir, dont la vue seule fit trembler Gervaise de la tête aux pieds.

— C'est, dit Jacques Aubry, c'est mademoiselle qui vient porter plainte contre un mauvais sujet qui l'a séduite.

Et il poussa Gervaise dans la chambre noire, sale, hideuse, qui servait de vestibule au cabinet du lieutenant-criminel. En même temps comme par un ressort la porte se referma.

Gervaise jeta un faible cri, moitié d'effroi moitié de surprise, et alla s'asseoir ou plutôt alla tomber sur un escabeau adossé à la muraille.

Quant à Jacques Aubry, de peur que la jeune fille ne le rappelât ou ne courût après lui, il s'enfuit par des corridors connus des écoliers, des basochiens et des plaideurs seulement, jusque dans la cour de la Sainte-Chapelle, puis de là il gagna plus tranquillement le pont Saint-Michel, par lequel il fallait absolument que Gervaise repassât.

Une demi-heure après il la vit reparaître.

— Eh bien! lui dit-il en courant au-devant d'elle, comment cela s'est-il passé?

— Hélas! dit Gervaise, vous m'avez fait faire un bien gros mensonge, mais j'espère que Dieu me le pardonnera en faveur de l'intention.

— Je le prends sur moi, dit Aubry.— Voyons, comment cela s'est-il passé?

— Est-ce que j'en sais quelque chose ! dit Gervaise ; j'étais si honteuse qu'à peine si je me rappelle ce dont il a été question. Tout ce que je sais, c'est que M. le lieutenant-criminel m'a interrogée, et qu'à ses questions j'ai répondu tantôt oui, tantôt non ; seulement je ne suis pas bien sûre d'avoir répondu comme il faut.

— La malheureuse ! s'écria Jacques Aubry, vous verrez qu'elle se sera accusée de m'avoir séduit.

— Oh ! non, dit Gervaise, je ne crois point que cela ait été jusque-là.

— Et ont-ils mon adresse, au moins, pour qu'ils puissent m'assigner ? demanda l'écolier.

— Oui, murmura Gervaise, je la leur ai donnée.

— Allons, c'est bien, dit Aubry, et maintenant espérons que Dieu fera le reste.

Et après avoir reconduit chez elle et avoir consolé de son mieux Gervaise de la fausse déposition qu'elle avait été obligée de faire, Jacques Aubry se retira chez lui plein de foi dans la Providence.

En effet, soit que la Providence s'en fût mêlée, soit que le hasard eût tout fait, Jacques Aubry trouva le lendemain matin une assignation qui le citait à comparaître le jour même devant le lieutenant-criminel.

Cette assignation comblait les plus chers désirs de Jacques Aubry, et cependant, tant la justice est chose respectable, il sentit, en lisant cette assignation, un frisson courir dans ses veines. Mais, hâtons-nous de le dire, la certitude de revoir Ascanio, le désir de sauver l'ami qu'il avait perdu chassèrent bien vite loin de notre écolier ce petit mouvement de faiblesse.

La citation portait l'heure de midi, il n'était que neuf heures du matin; il courut chez Gervaise, qu'il trouva non moins agitée que la veille.

— Eh bien? demanda-t-elle.

— Eh bien! dit Jacques Aubry triomphant et en montrant le papier couvert

d'hiéroglyphes, qu'il tenait à la main :
Voilà.

— Pour quelle heure?

— Pour midi. C'est tout ce que j'ai pu lire.

— Alors vous ne savez pas de quoi vous êtes accusé?

— Mais, de t'avoir séduite, ma petite Gervaise, je présume.

— Vous n'oublierez pas que c'est vous qui l'avez exigé.

— Comment donc! je suis prêt à te signer d'avance que tu t'y refusais complétement.

— Alors, vous ne m'en voudrez pas de vous avoir obéi?

— Au contraire, je t'en serai on ne peut plus reconnaissant.

— Quelque chose qu'il arrive?

— Quelque chose qu'il arrive.

— D'ailleurs, si j'ai dit tout cela, c'est que j'y étais forcée.

— Sans doute.

— Et si dans mon trouble j'avais dit autre chose que ce que je voulais dire, vous me pardonneriez.

— Non seulement je te pardonnerais,

ma chère, ma divine Gervaise, mais je te le pardonne d'avance.

— Ah! dit Gervaise en soupirant, ah! mauvais sujet, c'est avec ces paroles que vous m'avez perdue!

On voit bien que décidément Gervaise avait été séduite.

Ce ne fut qu'à midi moins un quart que Jacques Aubry se souvint qu'il était assigné pour midi. Il prit congé de Gervaise, et, comme la distance était longue, il s'en alla tout courant. Midi sonnait comme il frappait à la porte du lieutenant-criminel.

— Entrez! cria la même voix nasillarde.

Cette invitation n'eut pas besoin d'être

répétée, et Jacques Aubry, le sourire sur les lèvres, le nez au vent et le bonnet sur l'oreille, entra chez le grand homme noir.

— Comment vous nommez-vous? demanda celui-ci.

— Jacques Aubry, répondit l'écolier.

— Qu'êtes-vous?

— Basochien.

— Que faites-vous?

— Je séduis les jeunes filles.

— Ah! c'est contre vous qu'une plainte a été portée hier par... par...

— Par Gervaise-Perrette Popinot.

— C'est bien ; asseyez-vous là, et attendez votre tour.

Jacques s'assit comme l'homme noir lui disait de le faire et attendit,

— Cinq ou six personnes de visage, d'âge et de sexe différents attendaient comme lui, et, comme elles étaient arrivées avant lui, elles passèrent naturellement avant lui. Seulement les unes sortaient seules, et c'étaient sans doute celles contre lesquelles il ne s'était pas trouvé de charges suffisantes; tandis que les autres sortaient accompagnées ou d'un exempt ou de deux gardes de la prévôté. Jacques Aubry ambitionnait fort la fortune de celles-là; car on les conduisait au Châtelet, où il avait, lui, si grand désir d'entrer.

Enfin on appela Jacques Aubry, écolier.

Jacques Aubry se leva aussitôt et s'élança dans le cabinet du lieutenant-criminel d'un air aussi joyeux que s'il se fût agi pour lui de la partie de plaisir la plus agréable.

Il y avait deux hommes dans le cabinet du lieutenant-criminel, l'un plus grand, plus noir, plus sec et plus maigre encore que celui de l'antichambre, ce que Jacques Aubry eût, cinq minutes avant, regardé comme impossible : c'était le greffier ; l'autre, gros, gras, petit, rond, l'œil joyeux, à la bouche souriante, à la physionomie joviale : c'était le lieutenant-criminel.

Le sourire d'Aubry et le sien se croisèrent, et l'écolier fut tout près de donner une poignée de main au juge; tant il se sentait de sympathie pour cet honorable magistrat.

— Hé, hé, hé!... fit le lieutenant-criminel en regardant le basochien.

— Ma foi, oui, messire, répondit l'écolier.

— Vous m'avez en effet l'air d'un gaillard, reprit le magistrat; voyons, monsieur le drôle, prenez une chaise, et asseyez-vous.

Jacques Aubry prit une chaise, s'assit, croisa une jambe sur l'autre, et se dandina joyeusement.

— Ah! fit le lieutenant-criminel en se frottant les mains. Voyons, monsieur le greffier; voyons la déposition de la plaignante.

Le greffier se leva, et, grâce à sa longue taille, il atteignit en décrivant une demi-courbe l'autre côté de la table, où, parmi une masse d'écritures, il prit le dossier relatif à Jacques Aubry.

— Voilà, dit le greffier.

— Voyons, qui est-ce qui se plaint? demanda le lieutenant-criminel.

— Gervaise-Perrette Popinot, dit le greffier.

— C'est cela, fit l'écolier en hochant la tête de haut en bas, c'est cela même.

— Mineure, dit le greffier, âgée de dix-neuf ans.

— Oh! oh! mineure! s'écria Aubry.

— Ainsi qu'il appert de sa déclaration.

— Pauvre Gervaise, murmura Aubry, elle avait bien raison de dire qu'elle était si fort troublée qu'elle ne savait ce qu'elle répondait; elle m'a avoué à moi vingt-deux ans. Enfin, va pour dix-neuf!

— Ainsi, dit le lieutenant-criminel, ainsi, mon gaillard, vous êtes accusé d'avoir séduit une fille mineure. Hé! hé! hé!

— Hé! hé! hé! fit Aubry partageant hilarité du juge.

— Avec circonstances aggravantes, continua le greffier jetant son timbre glapissant au milieu des deux voix enjouées du magistrat et de l'écolier.

— Avec circonstances aggravantes, répéta le juge.

— Diable! fit Jacques Aubry, je serais bien aise de connaître les circonstances aggravantes.

— Comme la plaignante restait insensible depuis six mois à toutes les prières et à toutes les séductions de l'accusé...

— Depuis six mois! reprit Jacques, pardon, monsieur le greffier, je crois qu'il y a erreur.

— Depuis six mois, monsieur, c'est

écrit, reprit l'homme noir d'un ton qui n'admettait pas de réplique.

— Allons! va pour six mois, répondit Jacques Aubry; mais en vérité Gervaise avait bien raison de dire...

— Ledit Jacques Aubry, exaspéré par son indifférence, la menaça...

— Oh! oh! s'exclama Jacques.

— Oh! oh! reprit le juge.

—Mais, continua le greffier, ladite Gervaise-Perrette Popinot fit si bonne et si courageuse contenance que l'audacieux demanda pardon en faveur de son repentir.

— Ah! ah! murmura Aubry.

— Ah! fit le lieutenant-criminel.

— Pauvre Gervaise! continua l'écolier se parlant à lui-même et haussant les épaules, où donc avait-elle la tête?

— Mais, reprit le gréffier, ce repentir n'était que simulé : malheureusement la plaignante, dans son innocence et dans sa candeur, se laissa prendre à ce repentir, et un soir qu'elle avait eu l'imprudence d'accepter une collation que lui avait offerte l'accusé, ledit Jacques Aubry mêla dans son eau...

— Dans son eau! interrompit l'écolier.

— La plaignante a déclaré ne jamais

boire de vin, continua le greffier. Ledit Jacques Aubry mêla dans son eau une boisson enivrante.

— Dites-donc, monsieur le greffier! s'écria le basochien, que diable lisez-vous donc là?

— La déposition de la plaignante.

— Impossible! reprit Jacques.

— C'est écrit? demanda le lieutenant-criminel.

— C'est écrit, reprit le greffier.

— Continuez.

— Au fait, dit à part lui Jacques Aubry, plus je serai coupable, plus je serai sûr d'aller rejoindre Ascanio au Châtelet. Va pour l'enivrement. Continuez, monsieur le greffier.

— Vous avouez donc? demanda le juge.

— J'avoue, dit l'écolier.

— Ah pendard! fit le lieutenant-criminel en éclatant de rire et en se frottant les mains.

— De sorte, continua le greffier, que la pauvre Gervaise, n'ayant plus sa raison, finit par avouer à son séducteur qu'elle l'aimait.

— Ah! fit Jacques.

— Heureux coquin! murmura le lieutenant-criminel, dont les petits yeux étincelaient.

— Mais, s'écria Jacques Aubry; mais, c'est qu'il n'y a pas un mot de vrai dans tout cela !

— Vous niez?

— Parfaitement.

— Écrivez, dit le lieutenant-criminel, que l'accusé affirme n'être coupable d'aucun des griefs qui lui sont imputés.

— Un instant! un instant! s'écria l'écolier, qui songeait en lui-même que s'il niait sa culpabilité on ne l'enverrait pas en prison.

— Alors, vous ne niez pas complétement? reprit le juge.

— J'avoue qu'il y a quelque chose de vrai, non pas dans la forme, mais dans le fond.

— Oh! puisque vous avez avoué le breuvage enivrant, dit le juge, vous pouvez bien avouer les suites.

— Au fait, dit Jacques, puisque j'ai avoué le breuvage enivrant, j'avoue, monsieur le greffier, j'avoue... Mais en vérité, continua-t-il tout bas, Gervaise avait bien raison de dire...

— Mais ce n'est pas tout, interrompit le greffier.

— Comment! ce n'est pas tout?

— Le crime dont l'accusé s'était rendu

coupable à l'égard de la fille Gervaise eut des suites terribles. La malheureuse Gervaise s'aperçut qu'elle était mère.

— Ah! pour cette fois, s'écria Jacques, c'est trop fort.

— Vous niez la paternité? demanda le juge.

— Non-seulement je nie la paternité, mais je nie la grossesse.

— Écrivez, dit le juge, que, l'accusé niant non-seulement la paternité mais encore la grossesse, il sera fait une enquête sur ce point.

— Un instant, un instant, s'écria Aubry comprenant que, si Gervaise était convaincue de mensonge sur un seul point, tout l'échafaudage de l'accusation s'écroulait; un instant, Gervaise a-t-elle bien dit ce que M. le greffier vient de nous lire?

— Elle l'a dit mot à mot, répondit le greffier.

—Alors, si elle l'a dit, continua Aubry, si elle l'a dit... eh bien!...

—Eh bien? demanda le lieutenant-criminel.

— Eh bien! cela doit être.

—Écrivez que l'accusé se reconnaît coupable sur tous les chefs d'accusation.

Le greffier écrivit.

—Pardieu! se dit en lui-même l'écolier, si Ascanio mérite huit jours de Châtelet pour avoir purement et simplement fait la cour à Colombe, moi qui ai trompé Gervaise, moi qui l'ai enivrée, moi qui l'ai séduite, je puis compter sur trois mois d'incarcération au moins. Mais, ma foi, je voulais être sûr de mon fait. Au reste, j'en ferai compliment à Gervaise. Peste! elle ne s'est pas abîmée, et Jeanne-d'Arc était bien peu de chose auprès d'elle.

— Ainsi, interrompit le juge, vous avouez tous les crimes dont vous êtes accusé.

—Je les avoue, messire, répondit Jacques sans hésiter, je les avoue; ceux-là et d'autres encore, si vous le voulez. Je suis un grand coupable, monsieur le lieutenant criminel, ne me ménagez donc point.

—Impudent coquin, murmura le juge du ton dont un oncle de comédie parle à son neveu ; impudent coquin, va !

Alors il abaissa sa grosse tête ronde, bouffie et vermeille sur sa poitrine, et se mit à réfléchir profondément ; puis, après quelques minutes de méditation :

— Attendu, dit-il en relevant la tête et en levant l'index de la main droite, attendu,— écrivez, monsieur le greffier,— attendu que le nommé Jacques Aubry, écolier-clerc de la basoche, a déclaré avoir séduit la fille Gervaise-Perrette Popinot par de belles promesses et par de faux emblants d'amour, condamnons ledit Jacques Aubry à vingt sous parisis d'amende, à prendre soin de l'enfant, si c'est un enfant mâle, et aux dépens.

— Et la prison? s'écria Aubry.

— Comment, la prison! demanda le juge.

— Sans doute, la prison. Est-ce que vous ne me condamnez pas à la prison, par hasard?

— Non.

— Vous n'allez pas me faire conduire au Châtelet, comme Ascanio?

— Qu'est-ce que c'est qu'Ascanio?

— Ascanio est un élève de maître Benvenuto Cellini.

— Qu'a-t-il fait, cet élève?

— Il a séduit une jeune fille.

— Quelle jeune fille!

— Mademoiselle Colombe d'Estourville, fille du prévôt de Paris.

— Eh bien!

— Eh bien! je dis que c'est une injustice, puisque nous avons commis tous les deux le même crime, de faire une différence dans le châtiment. Comment! vous l'envoyez en prison, lui; et moi, vous me condamnez à vingt sous parisis d'amende! Mais il n'y a donc plus de justice dans ce monde?

— Au contraire, répondit le juge, c'est parce qu'il y a une justice, et une justice bien entendue, que cela a été décidé ainsi.

— Comment?

— Sans doute; il y a honneur et honneur, mon jeune drôle: l'honneur d'une demoiselle noble est estimé à la prison; l'honneur d'une grisette vaut vingt sous parisis. Si vous vouliez aller au Châtelet, il fallait vous adresser à une duchesse; et alors cela allait tout seul.

— Mais c'est affreux! immoral! abominable! s'écria l'écolier.

— Mon cher ami, dit le juge, payez votre amende, et allez-vous-en.

— Je ne payerai pas mon amende, et je ne veux pas m'en aller.

— Alors, je vais appeler deux hoquetons et vous faire conduire en prison jusqu'à ce que vous ayez payé.

— C'est ce que je demande.

Le juge appela deux gardes.

— Conduisez ce drôle-là aux Grands-Carmes.

— Aux Grands-Carmes! s'écria Jacques, et pourquoi pas au Châtelet?

— Parce que le Châtelet n'est pas prison pour dettes, entendez-vous, mon ami! parce que le Châtelet est forteresse royale, et qu'il faut avoir commis quelque bon gros crime pour y entrer. Au Châtelet! Ah! bien oui, mon petit monsieur, on vous en donnera, du Châtelet, attendez!

— Un instant, un instant, dit Jacques Aubry, un instant!

— Quoi?

— Du moment où ce n'est pas au Châtelet que vous me conduisez, je paye.

— Alors, si vous payez, il n'y a rien à dire. Allez, messieurs les gardes, allez, le jeune homme paye.

Les deux hoquetons sortirent, et Jacques Aubry tira de son escarcelle vingt sous parisis qu'il aligna sur le bureau du juge.

— Voyez si le compte y est, dit le lieutenant-criminel.

Le greffier se leva alors, et, pour accomplir l'ordre donné, se cambra en demi-courbe, embrassant dans le cercle que décrivait son corps, qui semblait posséder le privilége de s'allonger indéfiniment, sa table et les papiers qui étaient dessus; ainsi posé, les pieds à terre, les deux mains sur le bureau du juge, il avait l'air d'un sombre arc-en-ciel.

— Le compte y est, dit-il.

— Alors retirez-vous, mon jeune drôle, dit le lieutenant-criminel, et faites place à d'autres; la justice ne peut pas ne s'occuper que de vous : allez.

Jacques Aubry vit bien qu'il n'y avait rien à faire et se retira désespéré.

CHAPITRE VI.

OU JACQUES AUBRY S'ÉLÈVE A DES
PROPORTIONS ÉPIQUES.

— Ah! par exemple, se disait l'écolier en sortant du Palais-de Justice et en suivant machinalement le pont aux Moulins, qui conduisait presqu'en face du Châtelet; ah! par exemple, je suis curieux de savoir ce que dira Gervaise quand elle saura que son honneur a été estimé vingt sous parisis! Elle dira que j'ai été indiscret, que j'ai fait des révélations, et elle m'arrachera les yeux. Mais qu'est-ce que je vois donc là?

Ce que voyait l'écolier, c'était un page de ce seigneur si aimable auquel il avait pris l'habitude de confier ses secrets et qu'il regardait comme son plus tendre ami. L'enfant était adossé au parapet de la rivière et s'amusait à jongler avec des cailloux.

— Ah! pardieu, dit l'écolier, voilà qui tombe à merveille. Mon ami dont je ne sais pas le nom, et qui me paraît on ne peut mieux en cour, aura peut-être bien l'influence de me faire mettre en prison, lui ; c'est la Providence qui m'envoie son page pour me dire où je puis le trouver, attendu que je ne sais ni son nom ni son adresse.

Et, pour profiter de ce qu'il regardait comme une gracieuseté de la Providence à son égard, Jacques Aubry s'avança vers le jeune page, qui, le reconnaissant à son tour, laissa successivement retomber ses trois cailloux dans la même main et, croisant sa jambe droite sur sa jambe gauche, attendit l'écolier avec cet air narquois qui est le caractère particulier de la corporation dont il avait l'honneur de faire partie.

—Bonjour, monsieur le page! s'écria Aubry du plus loin qu'il crut que le jeune homme pouvait l'entendre.

— Bonjour, seigneur écolier! répondit l'enfant; que faites-vous dans le quartier?

— Ma foi, s'il vous faut le dire, je cherchais une chose que je crois avoir trouvée, puisque vous voilà; je cherchais l'adresse de mon excellent ami, le comte... le baron... le vicomte... l'adresse de votre maître.

— Désirez-vous donc le voir? demanda le page.

— A l'instant même, si c'est possible.

— Alors vous allez être servi à souhait, car il est entré chez le prévôt.

— Au Châtelet?

— Oui, et il va en sortir.

— Il est bien heureux d'entrer au Châtelet comme il veut; mais il est donc lié avec messire Robert d'Estourville, mon ami le vicomte... le comte... le baron...

— Le vicomte...

— Mon ami le vicomte... de... dites-moi donc, continua Aubry, désirant profiter de la circonstance pour connaître enfin le nom de son ami, le vicomte de...

— Le vicomte de Mar...

— Ah! s'écria l'écolier en voyant celui qu'il attendait paraître à la porte et sans laisser achever le page. Ah! cher vicomte, vous voilà donc... C'est vous, je vous cherche, je vous attends.

— Bonjour, dit Marmagne évidemment contrarié de la rencontre; bonjour, mon cher. Je voudrais causer avec vous; mais malheureusement je suis pressé. Ainsi donc, adieu.

— Un instant, un instant! s'écria Jacques Aubry en se cramponnant au bras de son compagnon: un instant! vous ne vous en irez pas comme cela, diable! D'abord, j'ai un immense service à vous demander.

— Vous?

— Oui, moi; et la loi du ciel, vous le savez, est qu'entre amis il faut s'aider.

— Entre amis?

—Sans doute! n'êtes-vous pas mon ami? car qu'est-ce qui constitue l'amitié? la confiance; or, je suis plein de confiance en vous : je vous raconte toutes mes affaires, et même celles des autres.

— Avez-vous jamais eu à vous en repentir?

—Jamais, vis-à-vis de vous du moins; mais il n'en est pas ainsi vis-à-vis de tout le monde. Il y a dans Paris un homme que je cherche, et qu'avec l'aide de Dieu je rencontrerai un jour.

— Mon cher, interrompit Marmagne, qui se douta bien quel homme cherchait Aubry, je vous ai dit que j'étais fort pressé.

—Mais attendez donc, puisque je vous

dis que vous pouvez me rendre un service.

— Alors, parlez vite.

— Vous êtes bien en cour, n'est-ce pas?

— Mais, mes amis le disent.

— Vous avez quelque crédit, alors?

—Mes ennemis pourraient s'en apercevoir.

— Eh bien! mon cher comte, mon cher baron... mon cher...

— Vicomte.

— Faites-moi entrer au Châtelet.

— En quelle qualité?

— En qualité de prisonnier, tout simdlement.

— En qualité de prisonnier? Singulière ambition, ma foi!

— Que voulez-vous, c'est la mienne.

— Et dans quel but voulez-vous entrer au Châtelet? demanda Marmagne, qui se doutait que ce désir de l'écolier cachait quelque nouveau secret dont il pourrait tirer parti.

— A un autre que vous je ne le dirais pas, mon bon ami, répondit Jacques, car j'ai appris à mes dépens, ou plutôt à ceux du pauvre Ascanio, qu'il faut savoir se taire. Mais à vous, c'est autre chose. Vous savez bien que je n'ai point de secret pour vous.

— En ce cas, dites vite.

— Me ferez-vous mettre au Châtelet, si je vous le dis?

— A l'instant même.

— Eh bien, mon ami! imaginez-vous donc que j'ai eu l'imprudence de confier à d'autres qu'à vous que j'avais vu une charmante jeune fille dans la tête du dieu Mars.

— Après?

— Les fronts éventés! les cerveaux à l'envers! n'ont-il pas répandu cette histoire, tant et si bien qu'elle est arrivée aux oreilles du prévôt; or, comme le prévôt avait depuis quelques jours perdu sa fille, il s'est douté que c'était elle qui avait choisi cette retraite. Il a prévenu le comte d'Orbec et la duchesse d'Étampes ; on est venu faire une visite domiciliaire à l'hôtel de Nesle, tandis que Benvenuto Cellini était à Fontainebleau. On a enlevé Colombe et l'on a mis Ascanio en prison.

— Bah

— C'est comme je vous le dis, mon cher. Et qui a conduit tout cela, un certain vicomte de Marmagne !

— Mais, interrompit le vicomte, qui voyait avec inquiétude son nom revenir sans cesse sur les lèvres de l'écolier, mais vous ne me dites pas quel besoin vous avez d'entrer au Châtelet, vous.

— Vous ne comprenez pas ?

— Non.

— Ils ont arrêté Ascanio.

— Oui.

— Ils l'ont conduit au Châtelet.

— Bien.

— Mais ce qu'ils ne savent pas, ce que personne ne sait, excepté la duchesse d'Étampes, Benvenuto et moi, c'est qu'Ascanio possède certaine lettre, certain secret qui peut perdre la duchesse. Or comprenez-vous maintenant?

— Oui, je commence. Mais aidez-moi, mon cher ami.

— Comprenez-vous, vicomte, continua Aubry s'aristocratisant de plus en plus, je veux entrer au Châtelet, pénétrer jusqu'à

Ascanio, prendre sa lettre ou recevoir son secret, sortir de prison, aller trouver Benvenuto et combiner avec lui quelque moyen de faire triompher la vertu de Colombe et l'amour d'Ascanio, à la grande confusion des Marmagne, des d'Orbec, du prévôt, de la duchesse d'Étampes et de toute la clique !

— C'est très-ingénieux, dit Marmagne. Merci de votre confiance, mon cher écolier. Vous n'aurez pas à vous en repentir.

— Vous me promettez donc votre protection ?

— Pourquoi faire ?

— Mais pour me faire entrer au Châtelet, comme je vous l'ai demandé.

— Comptez dessus.

— Tout de suite?

— Attendez-moi là.

— Où je suis?

— A la même place.

— Et vous allez?

— Chercher l'ordre de vous arrêter.

— Ah! mon ami, mon cher baron, mon cher comte! Mais, dites-moi donc, il faudrait me donner votre nom et votre adresse, dans le cas où j'aurais besoin de vous.

— Inutile, je reviens.

— Oui, revenez vite; et si sur votre

route vous rencontrez ce damné Marmagne, dites-lui...

— Quoi? demanda le vicomte.

— Dites-lui que j'ai fait un serment.

— Lequel ?

— C'est qu'il ne mourrait que de ma main.

— Adieu, s'écria le vicomte ; adieu, attendez-moi là.

— Au revoir, dit Aubry, je vous attends. Ah! vous êtes un ami véritable, vous, un homme à qui l'on peut se fier, et je voudrais bien savoir...

— Adieu, seigneur écolier! dit le page, qui s'était tenu à l'écart pendant cette conversation et qui se remettait en route pour suivre son maître.

— Adieu, gentil page! dit Aubry; mais avant que vous me quittiez, un service!

— Lequel?

— Quel est ce noble seigneur à qui vous avez l'honneur d'appartenir?

— Celui avec qui vous venez de causer pendant un quart d'heure?

— Oui.

— Et que vous appelez votre ami?

— Oui.

— Vous ne savez pas comment il s'appelle?

— Non.

— Mais c'est...

— Un seigneur très-connu, n'est-ce pas?

— Sans doute.

— Influent?

— Après le roi et la duchesse d'Étampes, c'est lui qui fait tout.

— Ah!... et vous dites qu'il s'appelle?...

— Il s'appelle le vicomte... mais le voilà qui se retourne et qui m'appelle. Pardon...

— Le vicomte de...

— Le vicomte de Marmagne.

— Marmagne ! s'écria Aubry, le vicomte de Marmagne ! Ce jeune seigneur est le vicomte de Marmagne !

— Lui-même.

— Marmagne, l'ami du prévôt, de d'Orbec, de madame d'Étampes ?

— En personne.

— Et l'ennemi de Benvenuto Cellini ?

— Justement.

— Ah ! s'écria Aubry voyant comme à la lueur d'un éclair dans tout le passé. Ah ! je comprends maintenant. Ah ! Marmagne, Marmagne !

Alors, comme l'écolier était sans armes, par un mouvement rapide comme la pensée il saisit la courte épée du petit page par la poignée, la tira du fourreau et s'élança à la poursuite de Marmagne en criant : — Arrête !

Au premier cri, Marmagne, inquiet, s'était retourné et, voyant Aubry courir après lui l'épée à la main, s'était douté qu'il était enfin découvert. Il n'y avait que deux moyens, ou fuir ou l'attendre. Or Marmagne n'était pas tout à fait assez brave pour attendre, mais n'était pas non plus tout à fait assez lâche pour fuir. Il choisit donc un moyen intermédiaire et s'élança dans une maison dont la porte était ouverte, espérant refermer la porte, mais malheureusement pour lui elle était retenue au mur par une chaîne qu'il ne put détacher, de sorte qu'Aubry, qui le suivait à quelque distance, arriva dans la cour avant qu'il eût eu le temps de gagner l'escalier.

— Ah! Marmagne! vicomte damné! espion maudit! larronneur de secrets! ah c'est toi! Enfin je te connais, je te tiens! En garde, misérable! en garde!

— Monsieur, répondit Marmagne, essayant de le prendre sur un ton de grand seigneur, comptez-vous que le vicomte de Marmagne fera l'honneur à l'écolier Jacques Aubry de croiser l'épée avec lui?

— Si le vicomte de Marmagne ne fait pas l'honneur à Jacques Aubry de croiser l'épée avec lui, l'écolier Jacques Aubry aura l'honneur de passer son épée au travers du corps du vicomte de Marmagne.

Et pour ne laisser aucun doute à celui auquel il adressait cette menace, Jacques Aubry mit la pointe de son épée sur la poitrine du vicomte, et à travers son pourpoint lui en fit sentir légèrement le fer.

—A l'assassin! cria Marmagne. A l'aide! au secours!

— Oh! crie tant que tu voudras, répondit Jacques; tu auras cessé de crier avant qu'on arrive. Ce que tu as de mieux à faire, vicomte, c'est donc de te défendre. Ainsi, crois-moi, en garde! vicomte, en garde!

— Eh bien, puisque tu le veux, s'écria le vicomte, attends un peu, et tu vas voir !

Marmagne, comme on a pu s'en apercevoir, n'était pas naturellement brave ; mais, ainsi que tous les seigneurs de ce temps chevaleresque, il avait reçu une éducation militaire. Il y a plus, il passait même pour avoir une certaine force en escrime. Il est vrai qu'on disait que cette réputation avait plutôt pour résultat d'épargner à Marmagne les mauvaises affaires qu'il pouvait se faire, que de mener à bien celles qu'il s'était faites. Il n'en est pas moins vrai que, se voyant vigoureusement pressé par Jacques, il tira l'épée et se trouva aussitôt en garde dans toutes les règles de l'art.

Mais si Marmagne était d'une habileté

reconnue parmi les seigneurs de la cour, Jacques Aubry était d'une adresse incontestée parmi les écoliers de l'Université et les clercs de la basoche. Il en résulta donc que, du premier coup, les deux adversaires virent qu'ils avaient affaire à forte partie ; seulement un grand avantage demeurait à Marmagne. Comme Aubry avait pris l'épée du page, cette épée était de six pouces plus courte que celle du vicomte. Ce n'était pas un grand inconvénient pour la défense, mais c'était une grave infériorité pour l'attaque.

En effet, déjà plus grand de six pouces que l'écolier, armé d'une épée d'un demi-pied plus longue que la sienne, Marmagne n'avait qu'à lui présenter la pointe du fer au visage pour le tenir constamment à distance, tandis que, de son côté, Jacques

Aubry avait beau attaquer, faire des feintes et se fendre, Marmagne, sans avoir même besoin de faire un pas de retraite, en ramenant simplement sa jambe droite près de sa jambe gauche se trouvait hors de portée. Il en résultait que deux ou trois fois déjà, malgré la vivacité de la parade, la longue épée du vicomte avait effleuré la poitrine de l'écolier, tandis que celui-ci, même en se fendant à fond, n'avait percé que l'air.

Aubry comprit qu'il était perdu s'il continuait à jouer ce jeu, et, pour ôter à son adversaire toute idée du plan qu'il venait d'adopter, il continua de l'attaquer et de parer par les parades et les feintes ordinaires, gagnant insensiblement du terrain pouce à pouce; puis, quand il se crut assez près, il se découvrit comme par maladresse. Marmagne voyant un jour se fendit; Aubry, prévenu, revint à une parade de prime, puis, profitant de ce que l'épée de son adversaire se trouvait soulevée à deux pouces au-dessus de sa tête, il se glissa sous le fer en bondissant et en se fendant tout à la fois, et cela si habilement et si vigoureusement que la petite épée du page disparut jusqu'à la garde dans la poitrine du vicomte.

Marmagne jeta un de ces cris aigus qui annoncent la gravité d'une blessure; puis, baissant la main, il pâlit, laissa échapper son épée et tomba à la renverse.

Juste à ce moment, une patrouille du guet, attirée par les cris de Marmagne, par les signes du page et par la vue du rassemblement qui se formait devant la porte, accourut, et, comme Aubry tenait encore à la main son épée toute sanglante, elle l'arrêta.

Aubry voulut d'abord faire quelque résistance; mais comme le chef de la patrouille cria tout haut : Désarmez-moi ce drôle-là et conduisez-le au Châtelet, il remit son épée et suivit les gardes vers la prison tant ambitionnée par lui; admirant les décrets de la Providence, qui lui accordait à la fois les deux choses qu'il désirait le plus : se venger de Marmagne et se rapprocher d'Ascanio.

Cette fois on ne fit aucune difficulté de le recevoir dans la forteresse royale; seulement, comme il paraît qu'elle était pour le moment surchargée de locataires, il y eut une longue discussion entre le guichetier et l'inspecteur de la prison pour savoir où l'on caserait le nouveau venu : enfin ces deux honorables personnes parurent tomber d'accord sur ce point, en vertu de quoi le guichetier fit signe à Jacques Aubry de le suivre, lui fit descendre trente-deux marches, ouvrit une porte, le poussa dans un cachot très-noir et referma la porte derrière lui.

CHAPITRE VII.

DES DIFFICULTÉS QU'ÉPROUVE UN HONNÊTE
HOMME A SORTIR DE PRISON.

L'écolier demeura un instant tout étourdi de son passage rapide de la lumière à l'obscurité : où était-il? il n'en savait rien ; se trouvait-il près ou loin d'Ascanio? il l'ignorait. Dans le corridor qu'il venait de suivre, il avait seulement, outre la porte qui s'était ouverte ponr lui, remarqué deux autres portes; mais son premier but était atteint, il se trouvait sous le même toit que son ami.

Cependant, comme il ne pouvait demeurer éternellement à la même place, et qu'à l'autre bout du cachot, c'est-à-dire à quinze pas à peu près devant lui, il apercevait une légère lueur filtrant à travers un soupirail, il allongea la jambe avec précaution, dans l'intention instinctive de gagner l'endroit éclairé; mais, au second pas qu'il fit, le plancher sembla manquer tout à coup sous ses pieds, il descendit rapidement trois ou quatre marches, et, sans doute cédant à l'impulsion donnée, il allait se briser la tête contre le mur, lorsque ses pieds s'embarrassèrent dans un obstacle qui le fit trébucher à l'instant même. Il en résulta que Jacques Aubry en fut quitte pour quelques contusions.

L'obstacle qui avait, sans le vouloir, rendu ce service à l'écolier, poussa un profond gémissement.

— Pardon, dit Jacques en se relevant et en ôtant poliment son bonnet; pardon, car il paraît que j'ai marché sur quelqu'un ou sur quelque chose : inconvenance que je ne me serais jamais permise, si j'y avais vu clair.

— Vous avez marché, dit une voix, sur ce qui fut soixante ans un homme et sur ce qui pour l'éternité va devenir un cadavre.

— Alors, dit Jacques, mon regret n'en est que plus grand de vous avoir dérangé au moment où vous vous occupiez sans doute, comme doit le faire tout bon chrétien, de régler vos comptes avec Dieu.

— Mes comptes sont en règle, seigneur écolier : j'ai péché comme un homme, mais j'ai souffert comme un martyr ; et j'espère que Dieu, en pesant mes fautes et mes douleurs, trouvera que la somme des douleurs l'emporte sur celle des fautes.

— Ainsi soit-il, dit Aubry, et c'est ce que je vous souhaite de tout mon cœur. Mais si cela ne vous fatigue pas trop pour le moment, mon cher compagnon : je dis mon cher, parce que je présume que vous ne me gardez aucun ressentiment du petit accident auquel je dois d'avoir fait depuis peu votre connaissance; si cela ne vous fatigue pas trop, dis-je, apprenez-moi par quelles révélations vous avez pu savoir que j'étais écolier.

— Parce que je l'ai vu à votre costume, et surtout à l'encrier que vous portez pendu à votre ceinture, à l'endroit où un gentilhomme porte son poignard.

— Parce que vous l'avez vu à mon costume, à l'encrier; ah çà! mon cher compagnon, vous m'avez, si je ne me trompe, dit que vous étiez en train de trépasser?

— J'espère être arrivé enfin au terme de mes maux; oui, j'espère m'endormir aujourd'hui sur la terre, pour me réveiller demain dans le ciel.

— Je ne m'y oppose aucunement, répondit Jacques; seulement je vous ferai remarquer que la situation dans laquelle vous vous trouvez à cette heure n'est pas de celles où l'on s'amuse à plaisanter.

— Et qui vous dit que je plaisante? murmura le moribond en poussant un profond soupir.

— Comment! vous me dites que vous m'avez reconnu à mon costume, à l'encrier que je porte à ma ceinture, et j'ai beau regarder, moi, je ne vois pas mes deux mains?

— C'est possible, répondit le prisonnier; mais quand vous serez resté quinze ans comme moi dans un cachot, vos yeux y verront dans les ténèbres aussi bien qu'ils voyaient autrefois en plein jour.

— Que le diable me les arrache plutôt que de faire un pareil apprentissage ! s'écria l'écolier. Quinze ans ! vous êtes resté quinze ans en prison !

— Quinze ou seize ans, peut-être plus, peut-être moins, j'ai cessé depuis longtemps de compter les jours et de mesurer le temps.

— Mais vous avez donc commis quelque crime abominable, s'écria l'écolier, pour avoir été si impitoyablement puni ?

— Je suis innocent, répondit le prisonnier.

— Innocent! s'écria Jacques épouvanté. Ah çà, dites donc, mon cher compagnon, je vous ai déjà fait observer que ce n'est pas le moment de plaisanter?

— Et je vous ai répondu que je ne plaisantais pas.

— Mais c'est encore moins celui de mentir; attendu que la plaisanterie est un simple jeu de l'esprit qui n'offense ni le ciel ni la terre, tandis que le mensonge est un péché mortel qui compromet l'âme.

— Je n'ai jamais menti.

— Vous êtes innocent, et vous êtes resté quinze ans en prison?

— Quinze ans : plus ou moins, je vous l'ai dit.

— Ah çà! s'écria Jacques, et moi qui suis innocent aussi ?

— Que Dieu vous protége alors! répondit le moribond.

— Comment, que Dieu me protége!

— Oui; car le coupable peut avoir l'espérance qu'on lui pardonnera, l'innocent jamais!

— C'est plein de profondeur, mon ami, ce que vous dites là, mais savez-vous que ce n'est pas rassurant du tout!

— Je dis la vérité.

— Mais enfin, reprit Jacques, enfin voyons, vous avez bien quelque peccadille à vous reprocher ; de vous à moi, allons ! contez-moi cela.

Et Jacques, qui, effectivement, commençait à distinguer les objets dans les ténèbres, prit un escabeau, alla le porter près du lit du mourant, et, choisissant un endroit où la muraille faisait angle, il y plaça un siége, s'assit et s'établit dans cette espèce de fauteuil improvisé le plus confortablement qu'il put.

— Ah ! ah ! vous gardez le silence, cher ami ! vous n'avez pas confiance en moi. Eh bien, je comprends cela : quinze ans de cachot ont dû vous rendre défiant. Eh bien ! je me nomme Jacques Aubry, j'ai vingt-deux ans, je suis écolier, vous l'avez vu, — à ce que vous dites, du moins; — j'avais quelques motifs qui ne regardent que moi de me faire mettre au Châtelet, j'y suis depuis dix minutes; j'ai eu l'honneur d'y faire votre connaissance; voilà ma vie tout entière : et maintenant, vous me connaissez comme je me connais; parlez à votre tour, mon cher compagnon, je vous écoute.

— Et moi, dit le prisonnier, je suis Étienne Raymond.

— Étienne Raymond, murmura l'écolier, je ne connais pas cela.

— D'abord, dit celui qui venait de se faire connaître, vous étiez un enfant lorsqu'il a plu à Dieu de me faire disparaître de la surface de la terre, ensuite j'y tenais peu de place et j'y faisais peu de bruit, de sorte que personne ne s'est aperçu de mon absence.

— Mais, enfin, que faisiez-vous, qu'étiez-vous?

— J'étais l'homme de confiance du connétable de Bourbon.

— Oh! oh! et vous avez trahi l'État comme lui! alors, je ne m'étonne plus...

— Non; j'ai refusé de trahir mon maître, voilà tout.

— Voyons un peu : comment cela s'est-il passé?

— J'étais à Paris à l'hôtel du connétable, tandis que celui-ci habitait son château de Bourbon-l'Archambaut. Un jour m'arrive le capitaine de ses gardes, qui m'apporte une lettre de monseigneur. Cette lettre m'ordonnait de remettre au messager, à l'instant même, un petit paquet cacheté que je trouverais dans la chambre à coucher du duc, au chevet de son lit, au fond d'une petite armoire. Je conduisis le capitaine dans la chambre, je m'avançai vers le chevet, j'ouvris l'armoire, le paquet était à la place indiquée, je le remis au messager, qui partit à l'instant même. Une heure après, des soldats, conduits par un officier, vinrent du Louvre, m'ordonnèrent à leur tour de leur ouvrir la chambre à coucher du duc et de les conduire à une armoire qui devait se trouver au chevet du lit. J'obéis; ils ouvrirent l'armoire, mais cherchèrent inutilement : ce qu'ils cherchaient, c'était le paquet que venait d'emporter le messager du duc.

— Diable ! diable ! murmura Aubry, ui commençait à entrer vivement dans la situation de son compagnon d'infortune.

— L'officier me fit des menaces terribles, auxquelles je ne répondis rien sinon que j'ignorais quelle chose il venait demander ; car si j'eusse dit que je venais de remettre le paquet au messager du duc, on eût pu courir après lui et le rattraper.

— Peste, interrompit Aubry, c'était

adroit, et vous agissiez comme un bon et loyal serviteur.

— Alors l'officier me consigna aux deux gardes, et, accompagné des deux autres, retourna au Louvre. Au bout d'une demi-heure il revint avec l'ordre de me conduire au château de Pierre-en-Scise à Lyon; on me mit les fers aux pieds, on me lia les mains, on me jeta dans une voiture, on plaça un soldat à ma droite et un soldat à ma gauche. Cinq jours après j'étais enfermé dans une prison qui, je dois le dire, était loin d'être aussi sombre et aussi rigoureuse que celle-ci; mais qu'importe, murmura le moribond, une prison est toujours une prison, et j'ai fini par m'habituer à celle-ci comme aux autres.

— Hum! fit Jacques Aubry, cela prouve que vous êtes philosophe.

— Trois jours et trois nuits s'écoulèrent, continua Étienne Raymond; enfin, pendant la quatrième nuit, je fus réveillé par un léger bruit; je rouvris les yeux; ma porte tournait sur ses gonds; une femme voilée entra accompagnée du guichetier; le guichetier posa une lampe sur la table, et, sur un signe de ma visiteuse nocturne, sortit humblement; alors elle s'approcha de mon lit, leva son voile : je poussai un cri.

— Hein! qui était-ce donc? demanda Aubry en se rapprochant vivement du narrateur.

— C'était Louise de Savoie elle-même,

c'était la duchesse d'Angoulême en personne ; c'était la régente de France, la mère du roi.

— Ah ! ah ! fit Aubry, et que venait-elle chercher chez un pauvre diable comme vous ?

— Elle venait chercher ce paquet cacheté que j'avais remis au messager du duc, et qui renfermait les lettres d'amour qu'imprudente princesse elle avait écrites à celui qu'elle persécutait maintenant.

— Tiens, tiens, tiens ! murmura Jacques Aubry entre ses dents, voilà une histoire qui ressemble diablement à celle de la duchesse d'Étampes et d'Ascanio.

— Hélas, toutes les histoires de princesses folles et amoureuses se ressemblent! répondit le prisonnier, qui paraissait avoir l'oreille aussi fine qu'il avait les yeux perçants; seulement, malheur aux petits qui s'y trouvent mêlés.

— Un instant! un instant! prophète de malheur, s'écria Aubry, que diable dites-vous donc là! Eh! moi aussi, je me trouve mêlé dans une histoire de princesse folle et amoureuse.

— Eh bien! s'il en est ainsi, dites adieu au jour, dites adieu à la lumière, dites adieu à la vie.

— Allez-vous-en au diable avec vos prédictions de l'autre monde! Est-ce que je suis pour quelque chose dans tout cela? Ce n'est pas moi qu'on aime, c'est Ascanio.

— Était-ce moi qu'on aimait? reprit le prisonnier; était-ce moi, dont jusque-là on avait ignoré l'existence? Non; c'est moi qui me trouvais placé entre un amour stérile et une vengeance féconde, c'est moi qui fus écrasé au choc de tous deux.

— Ventre mahom! s'écria Aubry, vous n'êtes pas réjouissant, mon brave homme! Mais revenons à la princesse, car, justement parce que cette histoire me fait trembler pour moi-même, elle m'intéresse infiniment.

— C'était donc ces lettres qu'elle voulait, comme je vous l'ai dit. En échange de ces lettres, elle me promettait des faveurs, des dignités, des titres ; pour ravoir ces lettres elle eût extorqué de nouveau quatre cent mille écus à un autre Semblançay, cet autre dût-il payer sa complaisance de l'échafaud.

Je lui répondis que je n'avais pas ces lettres, que je ne les connaissais pas, que je ne savais pas ce qu'elle voulait dire.

Alors, aux offres succédèrent les menaces; mais je ne pouvais pas être plus intimidé que séduit, car j'avais dit la vérité : ces lettres, je les avais remises au messager de mon noble maître.

Elle sortit furieuse, puis je fus un an sans entendre parler de rien.

Au bout d'un an elle revint et la même scène se renouvela.

Ce fut moi à mon tour qui la priai, qui la suppliai de me laisser sortir. Je l'adjurai au nom de ma femme, au nom de mes enfants; tout fut inutile. Je devais livrer les lettres ou mourir en prison.

Un jour je trouvai une lime dans mon pain.

Mon noble maître s'était souvenu de moi, sans doute, tout absent, tout exilé, tout fugitif qu'il était. Il ne pouvait me délivrer ni par la prière ni par la force, il envoya en France un de ses domestiques qui obtint du geôlier qu'il me remettrait cette lime en me disant de quelle part elle me venait.

Je limai un des barreaux de ma fenêtre. Je me fis une corde avec mes draps; je descendis; mais, arrivé à l'extrémité, je cherchai vainement la terre au bout de mes pieds : je me laissai tomber en invoquant le nom de Dieu, et je me cassai la jambe en tombant : une ronde de nuit me trouva évanoui.

On me transporta alors au château de Châlons-sur-Saône. J'y restai deux ans à peu près; puis, au bout de deux ans, ma persécutrice reparut dans ma prison. C'étaient ces lettres, toujours ces lettres qui la ramenaient. Cette fois elle était en compagnie du tortureur, elle me fit donner la question; ce fut une cruauté inutile, elle n'obtint rien, elle ne pouvait rien obtenir. Je ne savais rien, sinon que j'avais remis ces lettres au messager du duc.

Un jour, au fond de la cruche qui contenait mon eau, je trouvai un sac plein d'or, c'était toujours mon noble maître qui se souvenait de son pauvre serviteur.

Je corrompis un guichetier, ou plutôt le misérable fit semblant de se laisser corrompre : à minuit, il vint m'ouvrir la porte de ma prison. — Je sortis, je le suivis à travers les corridors; déjà je sentais l'air des vivants, déjà je me croyais libre : des soldats se jetèrent sur nous et nous garrottèrent tous deux. Mon guide avait fait semblant de se laisser toucher par mes prières, afin de s'approprier l'or qu'il avait vu dans mes mains, puis il m'avait trahi pour gagner la récompense promise aux dénonciateurs.

On me transporta au Châtelet, dans ce cachot.

Ici, pour la dernière fois, Louise de Savoie m'apparut : elle était suivie du bourreau.

La vue de la mort ne put pas faire davantage que n'avaient fait les promesses, les menaces, la torture. On me lia les mains, une corde fut passée à un anneau et cette corde à mon cou. Je fis toujours la même réponse, en ajoutant que mon ennemie comblait tous mes désirs en m'accordant la mort, désespéré que j'étais de cette vie de captivité.

Sans doute ce fut ce sentiment qui l'arrêta. Elle sortit, le bourreau sortit derrière elle.

Depuis ce temps je ne les revis plus. Qu'est devenu mon noble duc? qu'est devenue la cruelle duchesse? Je l'ignore, car depuis ce temps, et il y a peut-être quinze ans de cela, je n'ai point échangé une seule parole avec un seul être vivant.

— Ils sont morts tous deux, répondit Aubry.

— Morts tous deux! mon noble duc est mort! Mais il serait jeune encore, il n'aurait que cinquante-deux ans! Comment est-il mort?

— Il a été tué au siége de Rome, et probablement... — Jacques Aubry allai ajouter : par un de mes amis; mais il se retint, pensant que cette circonstance pourrait bien mettre du froid entre lui et le vieillard. Jacques Aubry, comme on le sait, devenait prudent.

— Probablement?... reprit le prisonnier.

— Par un orfévre nommé Benvenuto Cellini.

— Il y a vingt ans, j'eusse maudit le meurtrier; aujourd'hui je dis du fond de mon cœur : Que le meurtrier soit béni! Et lui ont-ils donné une sépulture digne de lui, à mon noble duc?

— Je le crois bien : ils lui ont élevé un tombeau dans la cathédrale de Gaëte, lequel tombeau porte une épitaphe dans laquelle il est dit qu'à l'endroit de celui qui y dort Alexandre-le-Grand n'était qu'un drôle et César qu'un polisson.

— Et l'autre?

— Qui, l'autre?

— Elle, ma persécutrice?

— Morte aussi; morte, il y a neuf ans!

— C'est cela! Une nuit, dans ma prison j'ai vu une ombre agenouillée et priant. Je me suis écrié, l'ombre a disparu. C'était elle qui venait me demander pardon.

— Ainsi, vous croyez qu'à l'instant de la mort elle aura pardonné?

— Je l'espère pour le salut de son âme.

— Mais alors on aurait dû vous mettre en liberté?

— Elle l'aura recommandé, peut-être; mais je suis si peu de chose, qu'au milieu de cette grande catastrophe on m'aura oublié.

— Ainsi, vous, au moment de mourir, vous lui pardonnerez à votre tour?

— Soulevez-moi, jeune homme! que je prie pour tous deux.

Et le moribond, soulevé par Jacques Aubry, confondit dans la même prière son protecteur et sa persécutrice, celui qui s'était souvenu dans son affection, celle qui ne l'avait jamais oublié dans sa haine, le connétable et la régente.

Le prisonnier avait raison. Les yeux de Jacques Aubry commençaient à s'habituer aux ténèbres : ils distinguaient dans l'obscurité la figure du mourant. C'était un beau vieillard maigri par la souffrance, à la barbe blanche, au front chauve, une de ces têtes comme en a rêvé le Dominiquin en exécutant sa Confession de saint Jérôme.

Quand il eut prié, il poussa un soupir et retomba : il était évanoui.

Jacques Aubry le crut mort. Cependant il courut à la cruche, prit de l'eau dans le creux de sa main, et la lui secoua sur le visage. Le mourant revint à lui.

— Tu as bien fait de me secourir, jeune

homme, dit le vieillard, et voilà ta récompense.

— Qu'est-ce que cela? demanda Aubry.

— Un poignard, répondit le mourant.

— Un poignard ! et comment cette arme se trouve-t-elle entre vos mains?

— Attends!

Un jour le guichetier, en m'apportant mon pain et mon eau, posa sa lanterne sur l'escabeau, qui, par hasard, se trouvait près du mur. Dans ce mur était une pierre saillante, et sur cette pierre quelques lettres gravées avec un couteau. Je n'eus pas le temps de les lire.

Mais je grattai la terre avec mes mains, je la délayai de manière à en faire une espèce de pâte, et je pris l'empreinte de ces lettres; je lus *ultor*.

Que voulait dire ce mot *vengeur?* Je revins à la pierre. J'essayai de l'ébranler. Elle remuait comme une dent dans son alvéole. A force de patience, en répétant vingt fois les mêmes efforts, je parvins à l'arracher du mur. Je plongeai aussitôt la main dans l'excavation qu'elle avait laissée et je trouvai ce poignard.

Alors le désir de la liberté presque perdu me revint; je résolus avec ce poignard de me creuser un passage dans quelque cachot voisin, et là, avec l'aide de celui qui l'habiterait, de combiner un plan d'évasion. D'ailleurs, rien de tout cela ne réussît-il, creuser la terre, fouiller la muraille, c'était une occupation; et quand vous aurez été comme moi vingt ans dans un cachot, jeune homme, vous verrez quel terrible ennemi c'est que le temps.

Aubry frissonna des pieds à la tête.

— Et avez-vous mis votre projet à exécution? demanda-t-il.

— Oui, et avec plus de facilité que je ne l'aurais pensé. Depuis douze ou quinze ans peut-être que je suis ici, on ne suppose plus sans doute que je puisse m'évader; puis peut-être ne sait-on plus même qui je suis. On me garde comme on garde cette chaîne qui pend à cet anneau. Le connétable et la régente sont morts; eux seuls se souvenaient de moi; qui saurait maintenant, ici même, quel nom je prononce en prononçant le nom d'Étienne Raymond ? Personne.

Aubry sentit la sueur lui couler sur le front en songeant à l'oubli dans lequel était tombée cette existence perdue.

— Eh bien, demanda-t-il, eh bien ?

— Eh bien, dit le vieillard, depuis plus d'un an je creuse le sol, et je suis parvenu à pratiquer au-dessous de la muraille un trou par lequel un homme peut passer.

— Mais qu'avez-vous fait de la terre que vous tirez de ce trou ?

— Je l'ai semée comme du sable dans mon cachot, et je l'ai confondue avec le sol à force de marcher dessus.

— Et ce trou, où est-il?

— Sous mon lit. Depuis quinze ans personne n'a jamais eu l'idée de le changer de place. Le geôlier ne descend dans mon cachot qu'une fois par jour. Le geôlier parti, les portes refermées, le bruit des pas éteint, je tirais mon lit et je me remettais à l'œuvre; puis, lorsque l'heure de la visite arrivait, je remettais le lit à sa place, et je me couchais dessus. Avant-hier, je me suis couché dessus pour ne plus me relever : j'étais au bout de mes forces ; aujourd'hui, je suis au bout de ma vie. Sois le bienvenu, jeune homme, tu m'aideras à mourir, et moi, en échange, je te ferai mon héritier.

— Votre héritier! dit Aubry étonné.

— Sans doute. Je te laisserai ce poignard. Tu souris. Quel héritage plus précieux peut te laisser un prisonnier? Ce poignard, c'est la liberté peut-être.

— Vous avez raison, dit Aubry, et je vous remercie. Mais le trou que vous avez creusé, où donne-t-il?

— Je n'étais pas encore arrivé de l'autre côté, cependant j'en étais bien proche. Hier, j'ai entendu dans le cachot à côté un bruit de voix.

— Diable! fit Aubry; et vous croyez...

— Je crois qu'avec quelques heures de travail vous aurez achevé mon œuvre.

— Merci, dit Aubry, merci !

— Maintenant, un prêtre ; je voudrais bien un prêtre, dit le moribond.

— Attendez, mon père, dit Aubry, attendez ; il est impossible qu'ils refusent une pareille demande à un mourant.

Il courut à la porte sans trébucher cette fois, car ses yeux s'habituaient à l'obscurité, et frappa des pieds et des mains.

Un guichetier descendit.

— Qu'avez-vous à faire un pareil vacarme ? demanda-t-il ; et que voulez-vous ?

— Le vieillard qui est avec moi se meurt, dit Aubry, et demande un prêtre, le lui refuserez-vous?

— Hum!... murmura le guichetier. Je ne sais pas ce que ces gaillards-là ont tous à demander des prêtres. C'est bien, on va lui en envoyer un.

Effectivement, dix minutes après, le prêtre parut portant le saint viatique, précédé de deux sacristains dont l'un portait la croix et l'autre la sonnette.

Ce fut un spectacle solennel que la confession de ce martyr qui n'avait à révéler que les crimes des autres, et qui, au lieu de demander pardon pour lui, priait pour ses ennemis.

Si peu impressionnable que fût Jacques Aubry, il se laissa lui-même tomber sur les deux genoux et se souvint de ses prières d'enfant qu'il croyait avoir oubliées.

Lorsque le prisonnier eut fini sa confession, ce fut le prêtre qui s'inclina devant lui et qui lui demanda sa bénédiction.

Le vieillard sourit radieux comme un élu sourit, étendit une main au-dessus de la tête du prêtre, étendit l'autre vers Aubry, poussa un profond soupir et se renversa en arrière.

Ce soupir était le dernier.

Le prêtre sortit comme il était venu, accompagné des deux enfants de chœur, et le cachot, un instant éclairé par la lueur tremblante des cierges, retomba dans son obscurité.

Jacques Aubry alors se trouva seul avec le mort.

C'était une assez triste compagnie, surtout par les réflexions qu'elle faisait naître. Cet homme, qui était couché là, était entré innocent en prison, il y était resté vingt ans, et il n'en sortait que parce que la mort, ce grand libérateur, était venu le chercher.

Aussi le joyeux écolier ne se reconnaissait plus : pour la première fois il se trouvait en face d'une suprême et sombre pensée, pour la première fois il sondait du regard les brûlantes vicissitudes de la vie et les calmes profondeurs de la mort.

Puis, au fond de son cœur, une idée égoïste commençait à s'éveiller : il songeait à lui-même innocent comme cet homme, mais, comme cet homme, entraîné dans l'engrenage de ces passions royales qui brisent, qui dévorent, qui anéantissent une existence. Ascanio et lui pouvaient disparaître à leur tour comme avait disparu Étienne Raymond. Qui songerait à eux ?

Gervaise peut-être.

Benvenuto Cellini certainement.

Mais la première ne pouvait rien que pleurer, quant au second, en demandant à grands cris cette lettre que possédait

Ascanio, il avouait lui-même son impuissance.

Et pour unique chance de salut, pour seule espérance il lui restait l'héritage de ce trépassé : un vieux poignard, qui déjà avait trompé l'attente de ses deux premiers maîtres.

Jacques Aubry avait caché le poignard dans sa poitrine, il porta convulsivement la main sur sa poignée pour s'assurer qu'il y était encore.

En ce moment la porte se rouvrit, on venait enlever le cadavre.

—Quand m'apporterez-vous à dîner? demanda Jacques Aubry, j'ai faim.

— Dans deux heures, répondit le guichetier.

Et l'écolier se trouva seul dans son cachot.

FIN DU QUATRIÈME VOLUME.

TABLE DES CHAPITRES.

Chap. Ier. Ce qu'on voit la nuit de la cime d'un peuplier. 1

II. Mars et Vénus 49

III. Les deux rivales 87

IV. Benvenuto aux abois. 121

V. Des difficultés qu'éprouve un honnête homme à se faire mettre en prison 163

VI. Où Jacques Aubry s'élève à des proportions épiques. 225

VII. Des difficultés qu'éprouve un honnête homme à sortir de prison . 255

www.ingramcontent.com/pod-product-compliance
Lightning Source LLC
Chambersburg PA
CBHW071604170426
43196CB00033B/1723